KB236929

이승과 저승을 잇는 무지개다리

목월문학포럼 엮음

박목월 선생께서 타계하신지 어느덧 30주기를 맞이하게 되었다.

한국인의 정서를 가장 아름다운 언어로 형상화함으로써 시어로서의 한국어의 가능 지평을 활짝 펼쳐 보여주신 분이 박목월 선생이시다. 그런 의미에서 박목월 선생이야말로 우리나라의 가장 대표적인 민족 시인이시다.

한때, '민족시'라는 용어가 마구 변용되어 쓰인 때가 있었다. '민족 시'는 '민족주의 시'와 엄격히 구별하여 사용되어야 하는 데도 그렇지를 못했다. '민족시'가 "그 나라 사람이 그 나라의 고유정서를 그 나라의 아름다운 언어로 표현한 시"를 가리키는 것이라면, '민족주의 시'란 "한 민족이 지닌 우월성을 지키고 강조할 목적으로 쓴 시"일 터이다. 그러므로 '민족주의 시'는 다분히 이념 지향적이면서 목적 지향적이다.

선생께서 가신지 30년 동안 우리는 격변의 사회 속에서 시가 이념의 도구나 수단으로 폄하되는 현상들을 도처에서 보아왔다. 이제, '민족주의 시'를 '민족시'라고 강변하던 이들이 스스로 오류로부터 벗어나고 있는 듯이 보이니 다행스런 일이다. 선생의 시에 대한 연구와 객관적 평가도 보다 활발해지기를 기대한다.

생각하면, 박목월 선생은 인간에 다감하고 시에 준엄했던 스승이었다. 제자 한 사람 한 사람을 소중히 감싸 안으면서도, 제자들의 시가 완벽한 시 미학에 토대를 둘 것을 강조하곤 하셨다. 그렇기 때문에 박목월 선생의 손을 거쳐 시단에 등단한 시인들은 별로 많지 않은 편이다.

그러나 그 문하생들은 오늘날, 한국시를 대표하는 면면들로 활동하고 있음은 널리 알려져 있다. 선생의 엄격한 훈도가 후학들을 통해서 빛을 발하는 셈이다. 고맙고도 다행스런 일이다.

박목월 선생의 문하생들로 이루어진 '목월회'는 육친 같은 유대 속에서 30여 년을 지내오면서 그 회원들의 면면도 어느덧 6,70대 노년기에 접어들고 있다. 박목월 선생께서 한국시를 위한 필생의 과업으로 창간한 시지 『심상』을 통해 시단에 등단한 시인들과 '목월회'를 합쳐 '목월문학포럼'으로 확대 출발하게 된 것은 이들 시인들이 목월의 시정신 속에서 동질성을 지닌 같은 뿌리로 맺어져 있다고 믿기 때문이다. 앞으로 '목월문학포럼'은 한국시를 위한 튼실한 씨앗으로 기능할 수 있는 시문학 단체로서의 역할을 해나가게 될 것이다.

박목월 선생 30주기를 맞아 우리는 2권의 추모 문집을 낸다. 이 추모문집은 4월에 열릴 '박목월 선생 30주기 추모—박목월 시문학 세미나'와 5월에 있을 '박목월 시축제'와의 연계 위에서 간행되는 것이다. 사화집 ≪이승과 저승을 잇는 무지개다리≫는 박목월 선생의 체취 속에서 시인으로 활동하는 문하생 시인들(89명)이 선생께 올리는 추모시집이다. 그리고 『박목월-순한 눈망울을 스쳐간 인연들의 회상록』은 선생과 지근거리에 있었던 분들이 회고해준 인간 박목월 선생에 대한 회상의 글모음이다. 선생께서 작고한 후 1978년 5월호 『심상』의 '전권 특집 박목월'의 글들과 이형기 선생의 편저인 『박목월』에서 '박목월 평전' 부분을 가져와 함께 엮은 것이다. 지금 보니, 그때 추모의 글을 썼던 분들 중에도 이미 여러분이 타계했다. 이번에 '목월문학포럼'이 간행하는 책자들이 박목월 연구를 위한 귀중한 자료로, 또한 한국시의 우뚝한 봉우리로서의 박목월 선생을 기리는 책자로도 두루 활용될 수 있을 것이다.

이 책의 출판을 맡아준 국학자료원 정찬용 사장님과 책 출간을 위해 애쓴 이상호 교수의 노고에도 고마움을 표하면서, 삼가 목월 선생의 30주기를 기리는 바이다.

-박목월 선생 30주기를 앞두고
목월문학포럼 회장 이 건 청

■■■■■ 차례

그 냄새가 난다 외 1편
 ─안강 흥덕왕 송림

승천을 꿈꾸는 수천의 배암들
둘, 둘, 셋 뒤엉켜 꿈틀거리는
이곳은 연옥?

비바람 터진 生의 껍질
짜디짠 소금으로 보듬어
푸른 종소리 매단 초록 앞
흙 묻은 신발 벗고 모자를 벗고
두꺼운 목도리를 벗어 던진
맨발의 내 손을 잡는
네 손바닥에서 그 냄새가 난다

익숙한 냄새!
한때 불이였던 냄새, 흙이었고, 바위였고
물이였다가 나무가 된
네 손금을 부유하는 물고기 비린 냄새
콧구멍을 끈적이는 기억의 물비늘
푸른 종소리 댕그랑거리는
나무의 웃음, 나무의 기침,
나무의 나이테가 그리던 둥근 그 냄새가 난다

사이

"너 지금 어디니?"
"나 러시아 여행 중이야."

러시아라고, 캄보디아라고, 일본이라 말하는
친구의 목소리
이제 막 담벼락 타넘는 나팔꽃처럼
보랏빛으로 벙글고 있다
어제 함께 했던, 어제 이쪽이었던 친구
어제 맑음, 오늘 흐림, 내일은 비가 온다는
일기예보에 민감했던
그 친구 지금 이쪽 아닌, 저쪽에 있다

이쪽과 저쪽 사이 삼팔선 있고
삼팔선 허물자는 한민족 소망 있고
소망을 꽃피우려는 찔레꽃 있고
찔레꽃 붉게 물드는 서쪽 풍경이 있다

이쪽과 저쪽 사이 생각나무 자라고
생각나무 주렁주렁 매단 방마다
울퉁불퉁, 미끌 물컹한 언어들

마주 앉아 깔깔 웃다 울다 돌아누워
밤새 벽을 쌓고, 허물고
허물어진 벽 사이 고물고물 연초록 잎사귀들

저쪽은 이쪽 일수 있고
이쪽은 저쪽일 수 있다며
날마다 옆집 담벼락 허물고 있는 나팔 꽃

매미소리 가는 여름의 발목 죽어라 붙들고선
이쪽에서 바라보는
저쪽, 뜯어보지 못한 편지봉투라면
저쪽에서 바라보는
이쪽은 술잔 속 그리운 섬 하나일까

동백 외 1편

몸져누운 꽃이 더 붉다

젊은 영정사진 같다

그가 남긴 쓸쓸한 물음 같다

'나는 너에게 무엇이었을까'

죽음으로도 끄지 못한

불길 하나

산수유

꽃,
이라고 부르는 것은
잔인한 일이다
갈라터진 핏줄기마다
엉겨 붙은 피멍울들을 보며

꽃, 이라고 환하게
불러보는 것은 아름다운 일이다
슬픔의 꽃 한 송이
스스로 피워 본 사람만이
그 모든 사막의 날들을 넘어

그렇게 환하게
부를 수 있을 것이므로
그러나 꽃!
이라고 말하는 순간
그대여, 비릿한 어떤 봄날이
아련히 생각날는지도 모른다

어느 날 시간의 골목길을 걷다가

뉘 집 담장 밖으로 봄!
하며 불쑥 손을 흔드는
산수유꽃을 만나거든
혹시 까닭도 없이 눈물이 핑 돌거든

꽃,
이라고
소리내어 보라
처음 말문을 트는 아이처럼
그냥

눈 위에 쓰다 외 1편

신애는 현수를 사랑해
공원길에 펼쳐진 화선지 위에
누군가 금방 써놓은 듯 또렷한 글자들을
눈송이들이 펄펄 지워버린다 보란 듯이
또렷이 빛나는 사랑이란
한 순간의 환상이라는 듯
짧은 햇살에도
흔적 없이 사라질
위태로운 사랑이라는 듯

묻히고 녹고
스미고 번져
드디어 누구도 꺼내가지 못할 사랑을 위해
함박눈에게 보란 듯이 펄펄 쓴다
사랑이여 안녕

부재

엄마, 비 많이 오는데 괜찮아요?
엄마, 길 미끄럽지 않아요?
엄마, 황사가 심한데……
엄마, 엄마,
엄마,
……,

수도 없이 전화기를 들었다 놓는다

가신 분의 부재를 인정하기가 이렇게도 힘든 것일까

전화기를 들었다 놓는 손

손이 긋는 기나긴 허공

이토록 무겁다

탄생 외 1편

내 영혼의 돌문을 열고 들어가면
초록의 바다에는
맨 처음의 날개가 돋아난
금빛 새가 한 마리
바다 위를 날고 있었다.
꽃송이보다 화안한
불을 하나 켜 들고
맨 처음의 바다를 날고 있었다.

기호론

　여름 저녁 불두화의 이마가 희다 희다 희다. 그 언저리 다른 기
표로 그려진 수국은 초록빛으로 반쯤 지워져 있다. 어떤 의식이
그것으로 자신을 현상화한다. 엇갈려 포개진 기표들의 꽃. modele.
상동형의 모든 꽃들이 일제히 혼돈처럼 피었다진다.

자화상 외 1편

지금은 아름다운 시 한 편 쓰는 것이 꿈이지만 일곱 살 적 나는 매미 한 마리 잡는 것이 꿈이었다. 한여름 낮 나는 매미 한 마리 잡기 위하여 살금살금 오동나무에 기어 올라갔다. 나무 꼭대기에 붙어 배를 발랑거리며 울고 있던 매미는 내가 손으로 잡으려고 하는 순간 그만 내 얼굴에 오줌을 찍 갈기고 날아가 버렸다. 그 바람에 나는 오동나무 썩은 가지를 헛짚고 땅바닥으로 떨어졌다. 나는 매미를 잡지 못했다. 나는 지금까지 돈이 되지 않는 시를 써왔다. 거울 앞에서 내 일곱 살 적 꿈이 찍힌 왼쪽 눈썹 위 상처 바라보면 그 한여름 낮 오동나무를 살금살금 기어오를 때 내 눈앞에서 배를 발랑거리며 맴맴맴 맴부랑 하고 절정으로 치닫던 매미 울음소리 불을 지르는 것 같다.

백합 향기

　사람 몇을 태운 버스가 화원 앞 정류장을 지나갈 때 지팡이를 짚은 노인이 백합 한 다발을 안고 올라왔다. 넥타이를 맨 운전기사가 백미러를 본다. 새하얗게 얼은 차창으로는 앙상한 플라타너스가 지나가고 버스에 탄 몇은 쿨룩거린다. 변두리로 가는 썰렁한 버스 안은 갑자기 백합 향기가 난다. 작업복을 입고 앞에 앉아 있던 젊은이가 일어나 힘이 부치는 노인을 부축한다. 그것을 보고 뒤에서 콩나물 봉지를 들고 있던 아주머니가 흐뭇하게 웃는다. 그 아주머니를 보고 옆의 학생이 웃는다. 책가방도 함께 웃는다. 나는 또 책가방을 보고 웃는다. 백미러에는 앙상한 플라타너스가 지나가고 고단한 몇은 쿨룩거리며 웃는다. 누구에게 주려는 꽃다발일까. 밖은 살을 에는 찬바람이 부는데 버스 안은 온통 웃음과 백합 향기로 가득하다.

껌처럼 외 1편

향기난다 우리들의 꿈
감미롭다 그러나
아무리 씹어도 먹을 수 없는 꿈
도저히 밥이 될 수 없지만
그래도 자꾸만 씹게 되는 꿈
늘이면 늘일수록 계속 늘어나서 실낱같이 가늘어져도
끊어지지 않는 꿈
바람을 불어넣으면 풍선같이 부푸는 꿈
터지는 꿈
볼품없이 찌그러져도 다시 살아나
계속 달라붙는
우리들의 질긴 꿈
함부로 버리지 말자.

시인과 모기

여름 해변시인학교에 가면
시와 노래와 소주에 취한 밤
고래잡이에 관하여 떠들어대다가
교실 마룻바닥에 웅크리고 새우잠을 청하면
술 취한 시인들의 피를 빤 모기떼들
덩달아 취해 몰려와서 시비를 거는데

앵―
당신들도 침을 하나씩 지니고 있느냐고
앵―
우리만큼 따끔하게
세상을 찌를 줄 아느냐고
유효한 독성분을 감추고 있느냐고
앵―
누군가를 잠 못 들게 해보았느냐고
앵앵―
우리만큼 몸과 영혼이 가벼우냐고
자유자재의 날개를 가졌느냐고
앵앵―
도대체 당신들의 목소리는

모깃소리보다 크냐고
앵앵—
약 오르면 칼을 뽑으라고
앵앵— 앵앵—

잠도 꿈도 다 설쳐버린
해변시인학교 짧은 밤.

님을 찾아 들어가다 외 1편

갯벌의 바닷물처럼 사람들이 흘러든다
여자만(汝自灣)
몇 십 년만에 리메이크 된 노래
'님께서 가신 영광의 길'이
테이블 사이를 돌아다닌다

에로 영화 시나리오 한 편씩이 출산된
주방 왼쪽 의자들
어깨 잠바들 너머로 대본작가의 중절모가 움직인다
술안주로 늘 올라오는 꼬막처럼
이야기 부싯돌들이 언제나 부딪히는 저녁
새로운 세상으로 가는 길을 더듬어
바위 밑을 기던 빨치산들처럼
어둠에 쫓기던 청년들이 모여들던
다락 밑 삐걱거리는 의자에
오늘은 석가의 논장(論藏)을 찾아 한 무리 사람들이
흰 종이 속에 숨어있는 오래된 길을 들어가고 있다
밤이 깊을수록 노란 양은 주전자가 바쁘게 들락거리고
테이블마다 불꽃 튀는 말과 말들
주점 안은 어족(語族)이 다른 불빛들로 붐빈다

해가 지는 서울 거리
사람들은 층층의 바벨탑에서 내려와
막다른 골목까지 흘러들어
완만한 곡선
파도처럼 간간한 습지에 살 부비고 싶은 순간들

노을의 붉은 울음이 쏟아지는
전라도 여자만
꼬막을 찾아 질퍽이는 맨발
한평생 허리를 펴지 못하던 그녀들에게
녹차 막걸리를 앞에 놓고 내 갈 길을 묻는다
조용필의 노래가 몇 바퀴 도는 사이
끝내 요리되어 나오지 못하는
한 시대의 찌꺼기들

바닷물이 빠져나가는 물길 따라
어렴풋이 남은 님의 흔적들처럼
무수히 쏟아낸 말들로 다져진 가슴들
춤추는 횃불을 하나씩 *끄기* 시작한다
보이지 않는 바벨탑

님이 없는 어둠 속으로 돌아가는데
어떤 남자는 배낭을 메고 사진 속의 빙벽에 아직 붙어 있었다

* 여자만 1. 전남 남해안의 여수반도와 고흥반도 사이에 있는 만
        2. 인사동에 있는 술집

문병

　탕약 달이는 냄새가 났다. 약으로 쓰려던 마늘이 빨래줄 가득
널려 있었다 가끔씩 들려오는 한숨소리. 그는 몇 천원 고지서와
영수증들을 챙겨 넣은 반닫이 앞에 모로 누워 있었다 불볕이 슬레
이트 지붕을 들쑤시는 오후. 뼈만 남은 손을 잡으니 벌떡 일어나
　"이남서 왔어요? 이북서 왔어요?"
　초점 없이 바라보다 짚불로 스러진다

꽃 진 자리 외 1편

목월은
목련꽃 그늘 아래서
베르테르의 편질 읽는다 하고

지훈은
꽃이 지는 아침은
울고 싶다 하고

나는
그리움으로 살아날
부활의 민들레 꽃씨 하나 날리고 있다

골고다

스스로 남의 짐을 지려는 사람
그런 사람이 그립다
저마다의 짐을 지고 가는 길에
돌부리에 턱없이 걸리고
지팡이 끝에 의지하여 가는 하루
몽롱한 노을이 풀어놓은
일몰의 시각에
저만치 먼 산도 다가와 보인다
그가 대신 지고 간 후
나의 짐이 없어서
지금은 오히려
무겁게 내면의 납덩이로 가라앉은
불면증
이 가당찮은 사랑 앞에
그처럼 나는 우뚝 서지도 못하고
작은 상처 하나에도 이내
혼절하고 마는 내 마음의 가지 끝에
오늘도
든든한 십자가 하나 선다

관훈동, 장독대 위에서 외 1편

장독대에 드리운 황금빛 노을
모든 황금빛은 전설에 닿아 있다

불룩한 항아리, 단지와 장독들
장아찌와 고추장, 된장, 간장만큼의
맵고 쓰디 쓴 배앓이를
몇 번이나 거쳤던가.

눈높이 지붕 위로 깨지고 부서진 기와들
번개며 비바람에 대해 이야기 하잔다
암키와와 수키와 사이에서 자란 강아지풀
제가 이 지붕의 적자라고 벼슬을 흔들고 있다

빌딩 사이로 항아리 뚜껑만한 하늘을

이고 있는 기와집
회색 하늘 아래서는 더 거칠고
맑은 하늘 아래서는 더 부드럽게
숙성할 전설이 남아 있다는 듯
속 빈 기둥으로 비스듬히
하늘을 메고 있다

새벽 자동차의 불빛이 유난히 밝다

하루를 자동차 신호만으로 통과할 수는 없을까
좌회전, 우회전, 잠간 머물겠다는 깜박이 그리고
클랙슨의 덤 정도만으로

매상을 올리고 이익을 늘리고 더 많은 인기를 얻어야 하고 상사
에게 인정을 받아야 하고 가족에게 애정을 이웃에게 봉사를. 몸을
바르게 생각을 바르게……

비행기는 조종석의 앞과 좌, 우 그리고 천정에까지 달린
수많은 계기판으로 내 머리 위를 날고 있다
내 차에 달린 좌회전, 우회전 신호만으로 이 정글을 헤쳐 나갈

수 있을까
오늘도 내 작은 차는 석양에 물들며 느리고 무거워져 간다
차가 허덕이며 멈추려 할 때
나를 이끄는 두 발에는
아직 힘이 남아 있다

하루는 다시 새벽으로부터 시작한다
오늘도 하루가 차에 오른다
어둠의 신 새벽을 가르는
작은 차의 불빛은 유난히 밝다

까치밥과 어둠 외 1편

어두워졌다고
니가 없어진 것은 아니다.
망설이지 말라.
눈 딱 감고 뛰어내려 보아라.
눈을 감는다고
허공이 없어지는 것은 아니다.
니가 없어지는 것도 아니다.
왜, 나무 위에 올라 내려오지 못하니.
어차피 너는 감이 아니라 밥이다.
밥이라서 밥값은 해야 하는데
눈 딱 감고 한 번 뛰어내려 보아라.
어둠 속에 빨간 팬티는 다 무어니
너는 허공에 매달린 어둠 몇 개,
그림자가 안 보인다고
니가 없는 것은 아니다.
허공이 없는 것도 아니다.
불을 켜 보아라.
언젠가 니가 떨어질 그 자리에
니 그림자가 미리 와 있다.
밥이 아니라 감이기 위하여

눈 딱 감고 뛰어내려 보아라.
그리고 침묵하라.
기억 하나 남겨두고 침묵하라.

붕어에게 고하나니

너를 만난 것은 우연이 아니다.
수많은 붕어 중에 하필이면 너,
배를 따고 칼집을 넣고
붕어찜을 만들어 맛있게 먹었지만,
수궁의 후원을 거닐 때나
식탁 위의 접시에 누워 있을 때나
너는 도수 높은 안경을 쓰고 있었구나.
설령 니가 이빨을 드러내고
나를 노려본다 해도
니 눈은 근시 안경 속의 혼돈 그것,
붕어의 눈 속엔 왜 하늘이 없을까.
어제 너는 내 뱃속에 들어와 있으니
내 눈으로 하늘을 보게 되겠지만,
미안하다. 나는 아직
너를 만나면 니가 먹고 싶다.
그러니 너를 만난 것은 우연이 아니다.
창세기의 별똥별이 수궁에 떨어져
니 머리를 명중시키는 확률보다
더 낮은 확률, 붕어야, 고하노니
나와 나의 만남은 인연이다.

천만 번 니가 내 앞에 다시 나타나도
사랑한다. 나는 니가 먹고 싶다.

평화의 행진 외 1편

전갈 따라
봄을 찾아 나선
이 걸음,

더디게 할 생각은 말게,

영혼의 발은
미투리를
신지 않는다네.

마부

비바람 속을
어미소는 콧바람 불며
달구지를 끌고,
어린 송아지 돋움발 치며
젖 먹으려 한다.
빗속을
지나는 바람 그렇게도
몸부림치는데,
마부는
길을 여느라
아랑곳하지 않고
쩌렁쩌렁한 소리
산천을 흔드네.

감은사지에서 외 1편

사랑이 아니었다면 사막의 생을 무슨 수로 건넜겠는가.
찬 겨울 하늘 아래 감은사 빈 터를 지키며,
물끄러미 동해 바다를 바라보고 선 서탑과 동탑.
슬픈 왕이 찍어둔 소슬한 사랑의 발자국을 본다.
사하촌이라 할 것도 없는 작은 마을에서 나온
초로를 넘긴 아낙 서넛이 벌인 좌판이 초라하다.
저들은 마음속에 몇 층의 탑을 세우고 있는가.
곶감과 석류, 호박과 마른 나물을 파는 시린 손 위로,
만파식적의 겨울바람이 칼날처럼 지나가고 있다.

바다를 읽다

화진해수욕장에서 바다를 바라본다.
입술이 퍼렇게 언 겨울 바다였다.
꽤 거친 파도가 주춤주춤 다가와서는
흰 비단을 펼쳤다 거두어간다.
물결은 거듭 밀려왔다 밀려가고,
해변은 거듭 맞이하고 보낸다.
밀려오는 물결에 숨을 들이쉬고,
밀려가는 물결에 숨을 내쉬면서,
푸른 바다를 가슴 가득히 맞이한다.
파도를 바다의 호흡이라고 생각하면서,
바다와 함께 숨 쉬는 것이다.
내가 언젠가, 어디선가, 누군가에게
겨울 바다였던 적이 있었던가.
그의 가슴을 푸른 물결로 드나들면서,
사랑한다고 말해 준 적이 있었던가.
한때 나의 해안이었던 사람이 왜 없었겠는가.
한때 나의 섬이었던 사람이 왜 없었겠는가.
겨울 바닷가를 한참을 거닐면서,
살아온 날들과 살아갈 날들을 헤아리는데,
파도는 밀려와 발목을 적시고,
파도는 또 밀려와 어지러운 생각을 지운다.

관음전(觀音殿), 고요 훔치다   외 1편

불국사 관음전 돌계단 가파르다 늦가을 저녁
가을 나무들 붉은 몸 지우는 관음전 뒤란으로
천년 고요 훔치러 간다 만져도 부서지지 않는
저 고요, 상처 하나 없는 저 고요 금강(金剛)이다
관음전 처마 끝 풍경처럼 달린 저 고요 안경
을 끼지 않아도 잘 보인다 천개의 손마다
꽃이 핀다 나는 만평 고요 속으로 들어간다

오래 산 느티 하나 푸르르 고요 털며 서 있다
그 곁에 키 큰 모과 하나 우듬지 끝 상처 없는
허공에 얼굴 비비고 있다
나는 무거운 구두 가지런히 벗어 두고 낮은 세
상 바라본다 구두도 나를 가만히 바라본다 낮은
돌담도 나를 본다 몸져눕는 저녁 세상도 길도
모두 낮구나 길은 남산 쪽으로 아득히 뻗어 팔
각정을 오른다 쓸쓸하여라 극락전도 느티도
천수관음도 홀로 피었다 지는 세상의 모든 꽃들
허망하여라

내 쓸쓸한 늦가을

관음전 천년 고요 속으로 들어가
아득히 눕고 싶은 저녁
허공을 만지다 문득 고갤 드니
붉은 산 벚나무 잎 같은 새 한 마리
무설전(無說殿) 위 하늘, 붉은 고요 뚫고 있다

남천(南川) 물소리

달이 코스모스 꽃잎에 연착륙한 밤
경주 남천 다리 아래
웅얼웅얼 가는 시냇물 소리
어디서 왔을까
돌부리에 부대끼며 정처 없는 저 시냇물 소리
홀로 부대끼며 가는 것
저 물소리만은 아니다

새벽도 한참 지나서
내일 새벽까지 더 가야만 하는 저 남천 물소리
부대끼며 정처 없이 가도록 내버려두자

홀로 가는 저 달
저 물소리
텅 빈 맨발들, 이쁘다

여백시(餘白詩)·21   외 1편

파종을 한다
보드랍기만 한 가슴 깊숙이
훈훈한 바람 이랑을 지어
아픔을 뿌리고 눈물도 심는다

봄 물길을 튼다
엉긴 시간들 골골이 흘러
기다림의 이랑이랑마다 은빛 눈물
싹 틔우고 어눌한 우수의 꽃을 피운다

그렇지. 한 줌 햇살마저 비껴가는
나의 황량한 텃밭에는
환희가 오기 전에 낙과를 염려하고
새 한 마리 고독의 살점을 쪼아내고 있다

다시 파종을 하기 위해 가슴을 파낸다
어디에도 감응의 화음은 들리지 않고
이미 낡아버린 심지(心地) 그 여백에
무한의 넋두리만 갈무리하고 있다.

여백시·32

감꽃이 떨어진다
소리 없이 눈물로 떨어진다
감꽃 꿰어 주렁주렁 목에 걸었다
감꽃 진 자리에 맺혔던 감알도
툭 툭 아픔으로 떨어진다
어이할거나. 남아있는 감잎 사이로
숭숭 매달린 절망

떨어지는 열매는
스스로 절망을 말하지 않는다

감으로 영글기를 포기한
저 눈부신 감나무의 순수
감꽃 줍던 애들은 떠나고
감꽃 목걸이 버려진 자리에서
떨어진 열매의 신음이 쌓인다
그렇다. 지상의 허무를 위한
대자연의 향연이다

스스로 떨어진 열매는
낙과의 순응을 직유로 표현하지 않는다.

함박눈 내리는 날 건천휴게소에서 외 1편

추신 :
어제는 피난 가서 겨울을 나셨다는 부산 영도다리에서
수천수만의 흰 말들이 바다로 질주해 들어가는 것을 보고
경주에 왔습니다.
반월성과 계림, 불국사 석굴암을 돌아
남산 삼화령 고개에 있던 애기부처는
경주 박물관에 가서 보았습니다.
낮은 산비탈 아래
아무런 치장도 없이 누워 있는 진흥왕릉은
오뉴월 들꽃이 흐드러지게 필 때가 아름답다고 하셨지만
키 큰 고목나무와 함박눈에 고즈넉하게 누워 있는 봉분도 보기 좋
았습니다.
신라의 멸망을 지켜보던 분황사 모전석탑 인왕상은
여전히 인자한 미소를 띠고
젊은 시절 긴 머리 휘날리며 다니신 남산 기슭
바위가 되었다가 부처가 되어 천년
또 다시 바위가 되어가는 마애불 칠불암 삼존불
아스라한 절벽 위 달빛이 밝은 날이면
신선이 되는 허리 굽은 소나무
토함산을 넘어가실 때 꼬박 하루가 걸리셨다는

추령재에는 지금 터널이 생겼습니다.
구황룡 아랫마을에서 留하셨을 때
밤새도록 유자코를 골며 자더라는 구장집은 찾을 길 없고
근처 골짜기에 '팬션'이란 간판의 여인숙이 하나 있습니다.

목월 선생님
함박눈 내리던 내 스무 살 겨울날
살강 위, 메주가 하얗게 뜨고 있는 친구네 집 사랑방
빼곡한 책들 사이 살아 펄펄 뛰며 내게 온 詩

"겨우 균형(均衡)이 잡히는 위치(位置)에
한 가락의 미소(微笑).
한 줌의 위안(慰安).
한 줄기의 운율(韻律)
……
하늘 끝과 끝을 일렁이는 해와 달……"

"어쩐지…… 울음이 돌고 생각처럼 그리움처럼……
뵈일듯 말듯한 산길……"

그 길을 찾아 동행도 없이 떠나온 여행길에서
잠시 들른 경부고속도로 건천휴게소
밖에는 아직도 눈이 내리고 있습니다.
아메리카노 원두커피 반쯤 남겨두고 이제 일어설래요
선생님,
저 함박눈 그치고 나면
삼릉 올라가는 길가
마른나무가지 물오르고
햇살 가만히 발 딛는 곳마다
참쑥들 뽀얀 목덜미 쑥쑥 내밀겠지요

그 여자
−르비딤 계곡에서

바람이 집이라고
무덤이라고
신광야
대추야자나무 아래 사는 그 여자가
빠른 말투로 내게 말한다.
기름진 땅을 찾아 걷는 동안
배가 고픈 아비는
한 그릇 팥죽으로 맏아들의 축복을 팔고
천사의 이름으로 사람을 대접하면
하늘의 상을 받게 된다는
조상들의 약속을 굳게 믿고 사는 그 여자
동쪽 끝 나라에서 온 내 눈빛에서 천사를 보았는가.
흙먼지 나는 먼 길을 맨발로 걸어
단물나는 우물에서 길어온 생수를
내발에 쏟아 붓는다
초승 새벽 별빛이 낮게 내려앉을 때
무지개색 옥돌로 만든 목걸이를
내목에 걸어준다

버스 안은 어둡다 외 1편

중앙선 다시 타고 영주에서 내리고 싶다.

떠나보내고 혼자 돌아 나오는
공항버스 안은 어둡다.
안개 속에 점점이 뿌려진 불빛 따라와
글썽이며 손을 내민다.

멀리 돌아온 시간 저 편에서
눈발 속에 침목 위를 덜컹거리며 달려오는
중앙선 야간열차

영주 지나 상주역에 내리면
낯선 거리 모퉁이에서
오래 기다린 등불이 기다리고 있었다.

측백나무 울타리 안에
정갈한 분합문을 밀면 손을 잡아주던 육친.
온기 다 떠나보내고
덜컹거리며
스쳐온 시간의 간이역으로

오늘은 그리움 점등하며
눈밭을 건너오던 어린 노루의 눈망울이
그날의 불빛으로
영종대교 점점이 건너오고 있다.

세상 주유

외국어 공부를 하기로 한다

곁에서 자꾸 떠드는데도
알아듣지 못하는 말들이 많아지고
머리 속에서 불빛이 흐려진다
건너편에서 초록 바다라고 하는데
회색 유령선이 건너오고
여름 햇볕이 따갑다는데
너무 서늘해 한기를 느낀다

모르스부호처럼 타전해 오는
세상의 암호를 들으려
해독문을 마스터하는 날

떠나면 돌아오지 않을
세상 주유를 시작할거야

저자거리의 싸움닭과 눈 맞추고
사막에 흰 정강이를 빠뜨리며
산정 바람에 머리카락 빗기며

육지 끝자락 방파제에 걸터앉아
거대한 용골을 드러낸
함선의 순항일기를 들으려면

아무나 불러도 누구나 응답해 오는
너른 세상의 언어를 더 늦기 전에 배워야지.

어느 날 흔적 없이 사라져도 이젠 찾지 말아줘.

꽃등 아래서 외 1편

꽃그늘 아래를 오래 걸었다
머리에 툭툭 꽃받침이 부딪히고
손 뻗으면 쉽게 꽃잎을 딸 수 있었다
꽃들은 잎잎이 무슨 말씀들을
그늘 아래로 내려 보냈으나
기도가 간절하지 못한 나는
그 말을 알아듣지 못했다
대웅전 오래된 기둥 밑에서
개미들이 줄맞춰 걸어 나왔다.
손 발등에 눅눅한 곰팡이가 피었다 진다
개미들은 폭풍을 다 걷고 온 이교도들 같았다

이 집안 최초의 인간은 나무에 묶이고
마지막 인간은 개미에 뜯어 먹힌다*

꽃그늘 아래 넓고 둥근 잎이 만들어준 처소에서
비빔밥처럼 나는 헝클어지기 시작했다
내가 본 이 섬뜩한 풍경이
내 몸 어딘가를 딛고 지나가고
무작정 개미들이 내 기도를 파먹어

꽃그늘, 꽃그늘 아래서
나는 내 병(病)을 자꾸 부처님께 옮겼다.

* 마르케스의 『백년 동안의 고독』에서

대화 고모집

구멍 뚫린 비닐하우스가
빗물을 가리느라 안간힘이다.
담도 없이 밭 위에 서있는 집 지붕엔
허물어진 밭고랑 같은 기와들이
간신히 얹혀 있고
거기엔 철마다 꽃이 피고 또 진다.
천둥이 치는 날엔 황구렁이가
몸을 벗고 가기도 한단다.
명절이나 휴가 때 가끔 인사라도 가면
큰 손으로 만두며 두부며 청국장을 해주셨는데
올 봄은 몸이 편찮으시단다.
아무래도 아픈 몸으론 힘들어 농사도 치우고
뙈기밭엔 풀들만 키우고 있는데,
뒤란 민들레는 지천에 꽃씨 날리며
서방질이 한창이다.

꽃씨 다 날린 민들레 그 가는 허리를 꺾으며
툭 툭 그 집 뒤란에 들면
내 몸엔 순결하고도 애잔한 피 같은 것이
쓰리고 또 쓰게 와 닿는다.

사막의 여우 외 1편

아기의 얼굴을 볼 때가 아니고는
너를 위한 일이 아니고는
꺾을 수 없는 무릎과
갈라져 비빌 수 없게 된 손은 이제
고질이 되었다
연극 같은 사람살이에
휘어진 발의 뼈를 깎고 박은 철심이
어긋나는 걸음을 가시처럼 찌른다
끊어질 듯 이어진 심줄이
얼기설기 몸을 엮는다
내 것도 아닌 것이 흔들리는 몸을 지탱해 준
그해 겨울은 따뜻했다.
그래도 봄이 오면
온몸에 번지는 그리움으로
길을 떠나야 한다
사막의 여우처럼 외로우면
어딘가에 있을
고개 숙여 만나야 할 사람이 그립다

프로메테우스에게

한때 작두처럼 타고 놀던 불의 혀가
미친 바이러스 패인 줄 몰랐다
프로메테우스,
너는 도처에서 산불처럼 번지는 화기를
무얼로 삭이고 끌 건지도
훔쳐야 했다
판도라의 상자에서 꿈을 꾸던 희망은
기력을 잃은 채다
수만의 독수리가 되어 너를 기다리는,
네가 살라버린 날들에
너는 오늘 무엇으로 번제를 드리려는가?
너를 제물 삼지 않으면
너는 다시
코카서스 절벽에서 가슴을 열어야 하리
아흔아홉의 절망으로
하나의 희망을 일으켜야 하리
생각해 보니
익혀서 먹은 날이 우린 너무 길었다.

홰치는 산 외 1편

방올음산은 북벽으로 서 있다.
그 등덜미 시퍼렇게 얼어 터졌을 것이다 그러나
겨우내 묵묵히 버티고 선
산
아버지, 엄동의 산협에 들어갔다.
쩌렁쩌렁 참나무 장작 찍어 낸 아버지,
흰 내 그 긴 물머리 몰고 온 것일까
첫 새벽 홰치는 소리 들었다.
집 뒤 동구 둑길 위에 아버지 우뚝 서 있고
여명 속에서 그렇게 방올음산 꼭대기 솟아올라
아, 붉새 아래로 천천히 어둠 가라앉을 때
그러니까, 이제 막 커다랗게 날개 접어 내리며
수탉, 마당으로 내려서고
봄, 연두들녘 물안개 벗으며 눕다.

채와 북 사이, 동백 진다

지리산 앉고,
섬진강은 참 긴 소리다.
저녁노을 시뻘건 것 물에 씻고 나서
저 달, 소리북 하나 또 중천 높이 걸린다.
산이 무겁게, 발원의 사내가 다시 어둑어둑
고쳐 눌러앉는다.
이 미친 향기의 북채는 어디 숨어 춤추나
매화 폭발 자욱한 그 아래를 봐라
뚝, 뚝, 뚝, 듣는 동백의 대가리들.
선혈의 천둥
난타가 지나간다.

나는 아직도 외 1편

나는 아직도
백지를 보면 뚫어지게 바라봅니다.
어쩌다 한 편 쓰고 난 다음에도
백지를 펴놓고 뚫어져라 바라봅니다.
내 할 수 있는 일이 도무지 그 짓밖에 없다는 듯이.

변하지 않는군요, 캄캄한 백지.
시를 쓴답시고 서성거린 지 한 십 년, 또 십 년이 넘었지요

나는 아직도
백지는 캄캄하다고 할 수밖에 없습니다.

어쩌다
내 손 끝에서 멀어져 간
이슬 같은 가시내를 떠올릴라치면
캄캄한 백지가 제 몸 풀어
미명의 희부윰한 세계를 펼쳐 보이는 순간이 없는 것은 아니지만,

나는 아직도
백지는 캄캄하다고 할 수밖에 없습니다.

소

네 눈을 마주보는 게 아니었어.

팔려가는 네 눈을

돌아서는 네 눈을 마주보는 게 아니었어.

우두커니 네 눈을 들여다보는 게 아니었어.

흐르는 물거울 외 1편

가야산은 산기슭에 숨은 듯 감춘
폐사된 보원사지를 허허로이 비우고
좌탈입망(坐脫立亡)하듯 만산홍엽 떨구며
잘 익은 가을을 떠나보낼 채비와
제 몸에 품고 있던 물까지
꾸륵꾸륵 마저 다 토해내고 있었네
옛 영화 아무 흔적도 없고
시작과 끝, 흥망과 성쇠가
너무도 분명한 절대 풍경에
석물(石物)만 상처이듯 유적으로 남아
한 물결이 만 물결을 따른다고
강당골 계곡 굽어 흐르며
산 그림자 낮추어 물 위를 건너는 햇살에게
육전(六錢)소설 이야기조로 말씀 이르고
우뚝 선 암벽에 돌을새김 한
웅숭깊은 마애삼존불께서도
폐사지, 그 향내 나는 상처
흐르는 물거울에 살짝 비추어
백제의 미소 푸르고 맑게 씻으시네

책책 책 쌓다

책 속에 길이 있다고 하더니
눈 씻고 찾아도 길은 보이지 않고
무 씨앗 같기도 하고
배추 씨앗 같기도 한 글씨와
하얀 어둠만이 자욱하다
지금 이 작은 도시마저 길을 접어
계단을 만든 아파트가 숲이다
들썽거리는 거개의 사람들이
책을 펴자마자 하품이 나고
졸음이 몰려온다는 까닭 알겠다
하얀 어둠을 먹고 사는
글씨가 곧, 글의 씨앗이고
책 속에 해우소(解憂所) 있어
몸 문을 열고 뒤를 보는 일은
오줌이 마침표인 것이다
방언과 표준어의 뜻을 밝히는
불빛 그림자에 책 책책 쌓아놓고
책을 보다, 책과 씨름하다, 라는 말은
몸의 눈이 글을 읽고
마음의 눈이 글을 먹는 일이거늘

우리 어찌 풋감을,
덜 익은 글을 먹을 수 있겠는가

뿌리를 그리고 싶다

금강산 만물상을 오르다가
너럭바위를 뚫고 솟은
소나무 한 그루를 본다

바위 밑에 떨어진 솔씨가
여리디 여린 몸으로 바위를 뚫고 올라와
옥류동 물소리를
혼자 거두고 있다

내 살아온 삶의 마디
창호지 한 장이라도
뚫어본 적 있었던가
길을 가로막는
산을 만나면
돌아 돌아서 오지는 않았던가

추사는 겨울에도 잎 지지 않는
소나무를 세한도로 그렸지만
나는 저 바위 속에
깊이 묻고 있는
뿌리를 그리고 싶다

풍경 외 1편

첩첩이 굽이친 능선 위에
눈길을 얹는다.
시간의 얼굴들이 평안하다.
구름이 머물다 흘러가고
바람이 머물다 흘러가고
산은 세속이 따를 수 없는 비색으로
정형 속에서 비정형으로 흐르고 있다.
오고 가는 일이 저렇게 평안할진데.
가슴 설레며 기다리고
가슴 조이며 보내는데
안달이 난 인가의 불빛. 아래
옹춘마니 어설픈 몸짓으로
얼마나 오래 서성이기에
비색에 묻히는 산새들의 비음을 듣지 못하고
흐르는 평안의 얼굴들을 부러워하는가.

안무

사는 일이 만만찮다.
헤어날 수 없는 굴레에 매여
수단과 방법에 익숙해진 춤사위는
거역할 수 없는 삶이었다.
바람은 바람과 부딪쳐야 바람인 것을,
물은 물과 섞여야 물인 것을 진작 알았지만
사람은 사람과 부대껴야 사람인 것을
별은 누군가의 가슴에도 뜰 수 있음을
오래 가슴이 아린 후에야 알았다.
사람과 사람의 일이
흥에 따라 흔드는 막춤이 아닐진대
사랑하고 미워하는 일이 그렇고
주고받는 일이 그렇다.
일상의 막장에서 햇볕 속으로 나오는 일이 그리 쉽지 않음은
혼자서는 춤출 수 없는 목석이어서일까.
내 안에 안무가는
내가 아닌 모양이다.

아, 욕망의 시간 외 1편

쓰린 속을 달래려
어둠 속에서 냉장고 문을 연다.
연기된 욕망들이 빼곡히 들어차 있는 냉장고,
그 문을 열면
어둠 속에 가둬두었던 시간들이
일시에 풀려나오면서
어둡던 실내가 갑자기 환해진다.

쓰린 속을 달래줄 물 한 잔이 아니었다.
시간을 연장시킬 수 있다고 확신하며
얼마나 많은 욕망들을 그곳에 감춰두었던가,
연기된 내 욕망들이 서로 얽혀 만들어낸
어지러운 냄새.

나는 육중한 확신의 문을 닫아
서서히 서서히 부패해가고 있는
내 욕망의 시간들을
다시 어둠 속에 가둔다.
실내도 다시 어두워진다.

그림자

시간의 거친 사포(砂布)질에
이젠 겨우 어렴풋한 그림자만이 남았습니다.

눈부셨던 빛깔을 문질러 지우고
선명했던 형체를 문질러 지우고
그림자 같은 대강의 모습만을 남겨 놓은
시간의 사포질.

겨울이 되자 억새풀들이 하얀 시간의 불꽃을 머리에 이고 서있
습니다. 그 풀숲에는 새들이 몸을 숨기고 있습니다. 바람이 그 사
이를 가르고 지나갑니다. 억새풀들은 서로 몸을 부딪치며 꺄르르
웃음을 터뜨립니다. …… 보고 싶습니다.

봄햇살이 참 따뜻하네요. 햇살은 연두잎에 살그머니 내려앉더니
살금살금 발걸음을 옮깁니다. 그 부드러운 발걸음이 느껴집니다.
햇살의 발걸음에 간지러운 듯 몸을 꼬는 새 연두잎이 참 행복해
보입니다. …… 늘 그립습니다.

풍경 속의,
억새풀 하얀 풀꽃도

터지는 웃음소리도
햇살의 부드러운 발걸음도
몸을 꼬는 연두잎의 행복도
이젠 모두 어렴풋한 그림자로만 남아 있습니다.

날개에 관하여 외 1편

나르는 것들에 날개가 주어지지 않았다면
허공이 있었을까 라는 생각을 가져 본다

바람이 불어 날개가 생겨나고
그 날개는 온 갓 것들에게 그리움의 힘을 가지게 한다

그리움이 어떤 것인지
날아가고 없어도 남아야 하는 건지

날아야 할 날개가 없다는 것
어느 절개된 벼랑 꼭대기 같은 곳과
힘겨운 것이나 위로의 소리를 갖지 못하는 것들

허공 속 날기를 작정하여
몇 개쯤의 깃털은 잃어야 할 터

허약한 날개로의 비행이
불시착으로 인한 패착의 날을 짚어 본다

그날 밤에는 아무 일도 일어나지 않았다

　어느 집에선가 개 짖는 소리 멀리서 나고 가까운 산에서는 삭정
이 몇 부러지는 소리 들렸지만 눈 내리는 소리를 들었다는 이는
아무도 없었다

　눈 위에 내린 달빛이 살쾡이 눈빛처럼 차가운 밤 이었다
　부엉이도 울지 않아 어둠이 더 깊은 밤이었다

　뒤 덮힌 눈 속에 입김도 얼어붙은 이른 새벽
　지난 밤 두어 사람의 발자국 따라 무언가를 실은 수레바퀴가 앞
산언덕을 넘어 갔고

　아랫마을 농협 조합장 집에서는 더부살이 하던, 어디서 떠다니
다 와 사는지도 모르는 행랑채 할아범이 며칠 째 시름시름 앓았는
데 그 아침 이후 보이지 않을 뿐이었다

빈집 외 1편

저 혼자 저물고
저 혼자 동트네

혼자 밥 먹네

혼자 연속극 보네 혼자
웃네
우네

내 속의 빈집,
빈 벽

혼자 묻네
대답하네

아, 혼자 섹스하네

저 혼자 동트고
저 혼자 저무네

침입자

화분에 물을 주고 한참을 지나
물 받침을 여니
거기 살찐 지렁이 한 마리 고개 내밀고 있다
기겁을 한 건 징그러워서만은 아니다
뭔가가 나를 엿보고 있었다는 사실!
침입자,
오랫동안 나의 진화를 다 엿본 저것.
아무도 모르지만 저 놈은 안다
내 바스트, 웨이스트 사이즈를 친친 감는, 그리고 팬티 색깔까지 핥는

나는 발이 오그려진다
일상의 행간 사이사이 뱀처럼 숨어 얼마나 자주 나를 훔쳐봐 왔
을까
어쩌면 저것은 내 안의 날숨과 들숨까지
지켜보는 눈들 중 하나에 지나지 않을지도 모른다
나도 모르게 찍히고 잡히는 일상,
섬뜩하다

한없이 떨고 있는 것 외 1편

어두워 가는 못은 휘둥그런 눈 치뜨고 있었다
그 위로 바람이 어둠의 그림자 늘어뜨리고 있었다
그늘이 깊으면 어둠도 깊어지는 것 처음 알았다
못물 고요한데 물속의 달 흔들리고
물속의 불빛 떨고 있었다

그대 눈에서 한없이 떨고 있는 것들
잠시도 가만있지 않으면서
어떻게 제 속을 다독이는지
어둠도 깊어지면 하얗다는 것 처음 알았다

물이 물을 밀어내듯

못물은 가장자리부터 얼고
바람이 부는 쪽부터 녹는다
얼어붙은 수면을 물결이 슬쩍 건드리면
비닐종이 구겨놓은 것 같고,
은박지 구겨놓은 것 같은 살얼음 조각
서로 밀고 밀리며 사그랑거리는 소리낸다

먼저 생각을 다른 생각이 와서 밀어내듯
못이기는 척 그렇게
몸 다 내어주고 물이 되는 소리
제 상처, 남의 상처 어루만지는 소리

물결이 파르르 몸을 떤다

목월님을 추모하며 외 1편

양지쪽에 앉아 귀염 받고 싶어요
그대를 붙잡을 수 있는 꽃이고 싶어요
사랑하는 사람들이 사랑하는
그대 속삭임을 듣고 있어요
지친 영혼을 그리워하는
먼 발치 홀로 피어난
진달래 꽃일래요

시가 되지 않는 날은
아마도 눈물 애절한 기다림일까요
떠나신 길목에는 아직도 바람이 불고
여물지 못한 시 한 줄만
강물로 흐르는데
그대 혼불을 따라가는
영원한 꽃일래요

문학의 향연

매화 향기 날리는 섬진강
은은한 모습의 산수유 골짜기 광양
스물아홉 번째인 원초 시인학교 개최지 낙산
뜨거운 백사장과 반질한 꽃마차 경포대
푸른 숲과 비취빛 흐르는 백담사
억만 년의 광엄한 늪지대의 우포
과거급제 길로 넘는 문경새재
금오신화 만복사저포기 발상지 만복사지
춘향과 이몽룡의 사랑의 다리 광한루 오작교
갯벌과 돈대가 있는 초지 지나 강화
예술문화의 장사진인 인사동을 들리려다
남산 문학의집을 향한다

근성 외 1편

잎도 가장이도 바싹 말라
삭정이 될 때쯤
뿌리는 기운을 돋운다.

숲의 뼈대 흰히 보일 때쯤
투명의 공간을 받쳐 든
뿌리는

마른 땅 목축일 수 없음의 나날
나날을 견디며 부추겨서
흙속의 봄 퍼 올리고 있다.

* 대학로 성공회 홍영선 신부님 감기에 곯아 쉰 목소리로 간구하는 메시지를 통하여 주님의 음성을 들었다. 날아갈 것같이 기쁘고 가벼워져서 세상이 화안히 잘 보인다.

비

창 안에서 비를 보니
내가 비다
겹겹산 비에 가리고
운무에 너울대는 비의 숲에
기대어 보니 내가
갈앉고 있다

비구름 나를 덮고 있으나
젖지 않는다
하늘구름 죽지 푸른
불새와 물새 찰렘퐁의 선율,
마셔도 마셔도 목마른 템포의 비다.

지붕 아래의 잠 외 1편

언덕 위에 서서 재개발지역 끄트머리에 남아있는
기와지붕을 인 한옥들을 본다
부신 봄볕 아래 소멸을 예감한 듯
검은 지붕들이 어둡다
기왓골에 한 뼘 넘게 풀들이 자라고
아직은 그 아래 깃든 삶을 덮어주는 온기가
아지랑이처럼 피어오른다

이삿짐을 실은 트럭 한 대가 낙타처럼
꾸부정하게 좁은 길을 내려간다
남은 사람들도 곧 묵은 살림살이를 모아
오랜 터전을 떠날 것이다
잠 속으로 부드럽게 스미던 빗소리와
꽃밭과 장독대가 있는 작은 마당을 두고
사막처럼 퍼져있는 길을 지나

해가 들지 않는 공동주택에서
천장을 지나는 물소리와
벽 속에서 웅얼대는 말소리에
힘들게 뒤 섞이며

영영 잃을 것이다
거친 하루를 덮어주던
지붕 아래의 잠을
그 위에 낮게 드리워진
밤 하늘을

어둠

－미시간에서

창가에 서서 바라보면
검게 반짝이는 나뭇잎들 너머로
미래는 늘 어제의 얼굴을 달고 서성이고 있다
어둠은 내가 써버린 시간만큼 움푹하다

작은 불을 달고 화단 주위를 날아다니던 반딧불이
유리창에 잠시 앉는다
추억처럼 불을 켠 작은 생명
잠깐 동안 유리창 너머로 어둠이 물러난다
내 마음 어디선가 후두둑 빗방울이 떨어지고

팔을 벌려 어둠을 헤친다
어둠 속에서 나도 불을 켤 수 있을까
오직 남은 어리석음을 부싯돌처럼 치고 또 친다
한 순간 두 손에 살아나는 작은 불꽃
손에 감싼 불꽃을 들어 비춰 본다
어둠은 살아야 할 시간만큼 깊다

겨우나무 외 1편

그대가 서있는 열탕의 저점
공허한 구석
핏발이 서있다

여름, 또 여름
푸르름 다투던
뜨거운 열망
모두 잊어야 한다

숲새 떠난 가지마다
겨울 잎새 떨어내면
지난날 물빛 투명한
아린 슬픔도 잊혀지는 것

그대의 저쪽 빈자리
언제나 파르르 떠는 섶 보이고

여기, 제 그림자 밟고
서있는 겨우나무

긴 침묵에 잠겨 있다

여백을 꿈꾸며

외져 하늘 문 열리는 곳

백치노인은
무심결 들리는 물빛 선율을 듣고
계곡의 푸른 돌
산마루 흰 구름
흔들리는 나뭇가지를 본다

산(山) 시간은 늘 이끼 낀 하늘

쑥부쟁이 타는 연기가 아니라도
산바람은 그대로 정화의식

오늘, 하루만이라도
우리 그렇게 살아야 하거늘

나는 한 치 여백이 없다

선인장 꽃 외 1편

아프리카 계집년의
빨간 혓바닥이
장마의 뜰을 핥고 있네

아침 햇살이
어둠을 쓸어 가듯이
푸른 골자기
높은 벼랑을 다루며
태양처럼 일고 있네

나이 딛고 쌓은 뜰에
심은 꽃도 여럿이라
나만 지키는
날 닮은 얼굴이 싫어
장마같이 뒤척이는 지리한 침실

아내가 열어젖힌 창살을 넘어
야성의 푸른 몸을 부비는
속살 던진 계집년의
불타는 혓바닥

아 내 장마의 뜰을 햇살처럼
핥고 있네

매서운 눈망울
가시 끝에 불 켜두고
내게는 눈먼 땅
밀림의 길을 여는
나의 색시여

아지랑이

아지랑이는 글씨였어
돌아앉은 겨울 숲, 흙 위에 써 온
유아어(幼兒語)
겨우내 먹은 귀를 간지르는 소리
일제히 일어서는 글씨였어

봄이 온다는 사연을
철자법 없이 써 올리는
파아란 연하장

부푼 가슴 물오르는 소리
온 들판에 적어 오는
머리 푼 가시네의
손가락 같은 글씨였어

안부·I 외 1편

어렴풋 묻어 있는 바람을 털며
개찰구를 나가는 뒷모습들
대합실 난롯가 의자엔
웅크린 어깨도 있었습니다
무성영화처럼
우리가 서로의 풍경으로 흐를 때
화면 밖 세상엔
흩어질 우리를 기다리는 겨울 저녁이
서둘러 가로등을 밝히고 있습니다
그러나 가야 할 곳 마음뿐인 날은
어둠에 숨겨진 길이 오히려
편안합니다

숨

눈보라 그친 저녁 어스름
느티나무 잔가지 사이로
분홍구름 지나갑니다
두 팔 다리 힘껏 뻗어도
분홍구름 내 몸 스치지 않겠지요
큰 숨으로 저물어 가는 하늘 마십니다
코 끝 찡하고 따끔거리는 목
내 안으로 잘 스미고 있습니다
숨을 따라 들어온 풍경
찬바람은 이곳에 두고
그대에게 보냅니다
함께 가려는 듯
이른 별 하나 가지 끝에서
반짝입니다

들불 놓기 외 1편

얼어붙은 마음 들불을 놓는다

검고 매캐한 연기 피어난다

당신에게 맞추어진 生 불안하다

눈짓 하나 손짓 하나에 이리 당겨지고 저리 늘여진다

끝까지 버티다 바싹 차오른다

별을 노래하던 꿈 사그라진다

그 기-인 시간조차 불면으로 치닫는다

바람의 뒷모습만 보인다

호접란(胡蝶蘭)

손바닥만한 베란다, 호접란
한들거리며 논다
저 하는 대로 보기만 했더니 심심한지
꽃잎 내민다

간절하면 이루어진다는 듯
종알종알 피어나는
밥풀꽃
바람에 씻어 소복소복 담아 놓은
햇살 한 무리
자리 펴고 늘어앉은
결 고운 오후
가을바람 등 떠밀던 행운목 뒤로
잔잔하게 미소 띤
너도 있었다

살그머니 멈추어 선
낮달 한 조각

손가락 사이로 햇살이 빠져 나간다

나이테 외 1편

등이 굽은 꼽추 사내가 아카시아 나무둥지를 톱질한다
나무 하나 쓰러질 때마다 둥그런 달 하나씩을 낳곤 한다
그의 등에서 오롯이 품어왔던 알심 같은 세월이 달 속으로 기어
든다

달이 알을 품고 있다

뭉클대기도 하다가
솟아오르다가
간간히 물결치기도하는 물떼 자리

등고선이 파문져 간다

몇 겹 숲이 되고자했던 백년 허물이 그에게서 지워지고
지구가 기우뚱 쏟아낸 훌쭉한 등에서 쏙독새 울음소리 들린다
몸의 지퍼를 열면 끝없이 날아오를 몸짓, 희미한 등고선

달은 둥그스름한 그의 등에 안개빛 젖을 채워준다
나무마다 비릿한 젖내가 돌고

새로 태어난 이파리처럼 사내의 등 위
뽀얀 달님 하나 앉아 있다

폐가

지독한 여름
풀들이 신발을 뚫고 들어왔다
아궁이를 뚫고 들어왔다
지붕을 뚫고 솟아올랐다

풀이 돌담벽을 옛 기억을 등 뒤의 운명을 먹어 치웠다

웃자란 풀들이 잘 벼려진 劍인 것을 시간은 말해 주고 있다

푸른 녹이 덮인 기둥과 서까래에
번뜩이며 날선 섬광 한 줄기

시간의 텅 빈 구멍에 눈동자를 끼워 넣으며
둥글게 제 몸 낮추는
푸른, 검(劍) 한 채

나는 목수다 외 1편

나는 남의 집만 고치는 목수다

영혼이 잠시 머물 집
붉은 슬픔으로 칠해진
철거 날짜 정해진 집만 수리하는
재개발 지역의 가난한 목수다.

누군가 목수의 집도 부서지느냐고 물었다.

남의 집 수리하느라
자기 불타는 줄도 모르는
나는 바보 목수다.

겨울 양수리·1

항상 그리워했다
이 땅 어디엔가
강들이 서로 만나는 곳을

홀로 물안개 피우고
아치이면 반짝이는 얼굴일지라도
바닥 저 아랜,
지난 밤 연인들이 흘린
슬픈 이별들이 가라앉아 있다.

강이 저리 긴 것은
아직 끝나지 않은
슬픈 이별이 남아 있기 때문이다.

강은 외로움이다.
더 이상 견딜 수 없는 아침
강들은 서로 만날 것이다.
이 산천 어디에 서로의 상처를 핥아주며
뜨겁게 만날 수 있는 땅이 있을 것이다.

양수리가 그러했다.

숲처럼 외 1편

한 백 년 숨 쉬면서
하늘을 태우고 태워
목숨은 한 덩이 어둠이 되는가.
뻗쳐오르는 가지와 잎들이
춤추고 버리는 허공은
새카만 침묵이 되어 남고,
불타는 시간 속에서 번쩍이는 꿈은
차디찬 재 되어 흩어지는가.
젊음의 불꽃이
한 바탕 사루고 버리는 텅 빈 공간,
돌아가 안길 수밖에 없는
대지의 품안에서
다시 윤회의 사슬에 매인다 해도
지워버릴 수 없는
이 삶의 느꺼움을 어쩔 것인가.
풀잎의 춤과 벌레의 울음이
한 생애를 설레게 하고
밤하늘 별들의 눈짓이
이끌어 온 푸르른 목숨,
그 추억 한 덩이 아직 남아

타오를 시간을 움켜쥐고 있는
이 새카만 안타까움을 어쩔 것인가.

몸말

나무들이 수화를 하고 있다
산 까치가 그걸 알아듣고 머리를 조아린다
풀들도 몸을 흔들며 알겠다, 알겠다, 한다
가슴 속 들끓는 말씀을 품고 있는 나도
알겠다, 알겠다, 한다. 하루를 살고 나서
모두 토해 내어야 할 마음이 너무 많다
산마루에 걸린 구름 한 덩이가
고즈넉한 표정으로 바라본다
벙어리 수 년, 가슴앓이 하는 내 마음을
누가 자꾸 끌어내 보아라, 보아라,
손짓을 한다. 철부지 어린 시절
날 기르실 때 상하신 어머니 가슴 속이나
세상을 만들고도 어쩌지 못하는
하나님 마음을 풀어내려 안간힘 하는
나무들과 풀들의 몸짓이다.
입말로 쏟아낼 수 없는 걸
몸말로 그릴 뿐, 이 저녁, 말은 이미 말이 아니다.

이승과 저승을 잇는 무지개다리 외 1편

―목월 서거 30주년을 기리며

선생님!
경상도 가랑잎 흩날리는
30년 모진 하늬바람 속에
푸르른 설렘으로 가득 찼던 저희들도
귀밑머리 희끗희끗
저승 한 자락 엿보이는
무상한 세월 속에 늘앉아 있습니다.
어느 결엔가 선생님 말년 모습을 닮아가고 있습니다.

구수하고 넉넉한 음성
호소하는 듯 다정한 눈빛
투박하고도 세련된 풍채
초겨울 종로 디즈니다방 나서시던 넉넉한 등짝,
흰 눈 수북이 머리에 인 백발
어젠 듯 눈에 어립니다.

선생님,
물이 귀해 늘 목이 마른 당신의 고향 건천엔
교각이 하늘을 찌르는 고속철도가 들어섭니다.
그래도 옛집 뜰엔

감나무 잎새 여전히 무성하고
밤이면 까만 나뭇가지에 하얀 달이 와 걸리지요
달은 환한 등불이 되어 온 밤을 밝히다가
때론 바람결에 연같이 흔들리기도 하지요

서울 원효로 이층 양옥집마저 누군가에 팔려갔지만
저희들은 선생님이 남기고 가신 훈기로
아랫목 온기를 나누고 있습니다.

선생님의 위대한 시혼을 키워준 경주
토함산 불국사 곁 곱게 단장한 목월동리 기념관에 가면
아름다운 무지개다리 건너
당신을 만날 수도 있지요

오, 오늘따라
사무치게 그리운 당신!

하관(下官)*

온 생애가 담긴 책 한 권의 무게도
한량없이 느껴지는데
하물며 육신에 이르러서야.

"잘 가거레이, 이 친구야!"
배웅하는 것은 친구가 아니라
바로 내일을 알 수 없는 자신이라는 걸 모르는 이 있을까.

철썩!
삽질할 때마다
관위에 뿌려지는 섬뜩한 냉기
싸락눈같이 춥고 막막했던 세월의 뒤안길……

"차라리 잘 됐고마.
뜨뜻한 땅속에 무거운 몸뚱이
터억 내려놓고 고마 편히 쉬거레이.
처자권속도 다 지 밥그릇 타고 났으이
부디 염려도 함께 내려 놓거레이."

직립(直立)으로 꼿꼿이 한 세상 이겨내려 했으니

언제 몸 한번 제대로 뉠 틈 있었겠나.

그렇구나!
땅과 일치하는 세상이 가장 평등하다는 진리를
자네는 죽어 보여주는구나.

묏등 없는 납작한 무덤.

* 하관: 목월 선생님 시 제목에서 따옴.

강을 건너다 외 1편

저 하늘의 별도 강 건넌 만큼
하늘에 걸렸겠다
하루를 건너 어둠속에
두 다리를 펴는 사람들
세월을 감다가 풍덩 빠지는 곳 있다
잠드는 일도 강 건너는 일이다
누구를 향해
정신 나게 한마디 하고 싶은데
꿀꺽 참으며 또 강 건넌다
무슨 강이든 제 등뼈를 눕혀야 건널 수 있다
무조건 등을 하늘에 두고 강 건너는 새들
하늘에도 강이 있다는 것을
새들이 엎드려 나르는 것을 보면 안다
바람이 출렁 나뭇가지위에 주저앉았다
저것도 강 건너오기 쉽지 않았다
해 떨어질 때
하늘의 목덜미를 잡고 견뎌보려고
당기는 만큼 하늘 붉었다
해라는 것도 강 건너는데 저리 겁난다
들의 풀꽃들

소나기 한 줄에도 목 꺾인다
강이 발 아래만 있는 게 아니다
강 깊어
산 두어 개 등짐 지고 끙끙거리는 것들
앞에 보이는 강이 더 많다
번쩍 불꽃 튄다.

등 푸른 여자

바다를 건너왔지

바다에서 바다로 청남빛 갈메속살에 짗이겨지면서
그 푸른 광야를 헤엄쳐 왔지
허연 이빨 앙다문 파도가 아주 내 등에서 살고 있었어
성깔 사나운 바다였다
내 이빨 손톱 발톱을 다 바다에 풀어 주었다
바다를 건너기 위해서는 단단한 것을 버리고
바다와 몸 섞지 않으면 안 된다
유순하게 물을 따르기만 했는데 팔뚝 굵어진 여자
망망대해의 질긴 심줄이 등으로 시퍼렇게 몰렸다
드디어
암벽화처럼 푸른 지도가 내 등위에 그려지고 말았어
내 등에 세상의 바다가 다 올려져 있더군
몇 만 겹 줄을 벗겨내도 꼼짝 않는 바다
바다를 건너와서도 내려지지 않았다
시퍼렇게 시퍼렇게 바다를 걷어내어
지상의 돛으로나 우뚝 세우고 싶은
내 몸에 파고 든 저 진초록 문신.

간이역 외 1편

하늘 푸른 날
먼 곳에서 오는
기차를 기다린다

코스모스 하늘거리고
키 큰 해바라기
황금빛 미소로 목례하는 간이역에서
혼자 서성이며
깊은 가을로 떠나는
기차를 기다린다

낡은 의자에 앉아 차를 기다리는
햇볕에 그을은 촌로(村老)의 모습!
문득, 지난날의 향수
연민의 정
새삼 가슴에 번지는
간이역

긴 세월 지난 이제야
세상사 모두가

간이역임을 안다

기쁨과 슬픔
우리의 만남도
그렇게 잠시 머물다 떠나는 것임을……

가을 햇살과
가을 바람과
가을 향기 안은 가슴으로
영원을 향해 떠나는
기차를 기다린다.

오래된 향기

그것은
오랜 세월
곰삭은 향내 같은 것

쓴맛, 단맛으로 버무려진
향수(鄕愁) 짙은
내음

햇빛과 달빛
비와 바람, 그리고
땀과 눈물도 함께 한
아름다운 숨결—

어리던 날
어머니의 소맷자락
때 묻은 무명앞치마 자락에서
맡을 수 있던 솔내음 닮은
그 푸근한 정
그 다정한 냄새

삶의 비탈길에서
손을 꼭 잡아주던
묵은 장맛 같은
친구의 우정-

지금도
영혼이 목마른 날이면
깊고 맑은 그 사랑
오래 된 그 향기
그리워한다.

금낭화 외 1편

늦은 봄, 고향 집 돌담 옆

금낭화 한 포기 홍조를 띠고

호 호 호 호 호 호

한낮의 적막을 깨뜨리네.

눈부신, 인생의 저 한 때

겁 없던, 젊은 날의 저 한 때

개쑥부쟁이

메마른 세상
목마르지요

꿈 한 조각 물고
희미하게 웃어요

저 마실 물 내게 주고
먼저 간 친구여

연(鳶) 외 1편

소년은 하늘을 향해
연줄을 풀고 있었다.

바람을 조심스레 타면서
연은 차츰 높이 올라
세상을 너그럽게 내려다보았다.

연은 체중을 가늠하면서
목숨을 한 가닥 실 끝에 매달았다.

순간, 연은 한 바퀴 빙 돌다가
현기를 쫓듯
처절하게 몸을 흔들었다.

실이 끝나는 지점에서
우주는 빈손을 흔들어 보이고,

실이 끊어지면서
연은
뿌리 깊은 소리 쪽으로 사라졌다.

나의 집

서울 변두리 쌍문동 103의 175
흰 구름 이는 백운대가 이마에 닿는 곳
촘촘히 들어선 30평 안팎
제비집 지은 낮은 추녀 밑에
놓여 있는 네 켤레의 신

잠시 살다 갈 가숙(暇宿)의 뜰
빈손으로 갈 때
미련 없도록 가다듬는 난초
떠날 때 아픔 남기지 않게
죽음을 다스리며 살아야지.

더 큰 집에 살기 위해
지나다 들린 이 작은 집
아직 잠들지 않은 어린것들에겐
슬픔을 알리지 않게
죽음은 눈처럼 밤에만 오게.

나비 등잔 외 1편

흙을 빚어 등잔을 만든다
등이 굽은 어머니
세월을 깁던 당신 손 길 눈물 묻어나
자주 물레를 닦는다
다 타거라, 훨훨 혼불처럼 밀어올린
그리움의 심지 하나
돌아보면
문풍지 떨리듯 지나가는 바람 소리
후회로 가득하고
그렇게 가버린 내 철없던 날들
한 땀 한 땀 숨길 놓으며
빛살무늬 자아낸다
오랫동안 고여 있던 시간의 무늬로 등잔을 빚고 있는 나는
아직도 등잔 밑이 어둡다

하루방

언제나 말이 없다 저 무언의 눈빛
그늘조차 화안하구나
당신이 건너간 세상
그 푸른 정신이 살아남아
펄럭이는 섬
잠시 다녀가시는지
헛기침 소리
뭍으로 안부를 보내는
갈매새 울음소리
천 년 파도 가슴을 연다
오늘은 또 어떤 그리움으로 기다리나
여기에 오면
온몸 창으로 된
그대를 만난다
숭숭 뚫린
세월의 바람맞이하며
힘껏
오름에 서 있다

개화 외 1편

늦여름 밤,
뇌우(雷雨)를 동반한 폭우가 갑자기 쏟아지면서
창 밖에
―번쩍―
벼락이 친다.
곤히 잠든 울목의 난초가
화들짝 놀라
눈을 치켜뜬다.

반딧불이

수미산,
정상까지 오르려는 것일까.
평생 마음을 비우고 청정하게 살아온
납자(衲子) 하나
연등을 밝혀
색계(色界), 무색계(無色界)를 건너고 있다.
오늘도 무명(無明) 속 중생들은
아비규환인데
온 산 벌레들 와글와글 울어대는
초여름 어느 밤하늘,
허공에
반짝이며 빛을 긋는 암흑 속 반딧불이
하나.

달빛의 혼 외 1편

달빛의 혼은 달빛처럼 은은하고
푸르고 깊다.
물을 많이 마신 날이면
내 정신도 푸르고 깊다.
한강 상류의 여울목에서
물살에 찬란하게 빠져 죽은 달빛은
밤중의 강물처럼
푸르고 깊게 흘러온 달빛의 혼은
수도꼭지에서 쏟아져 나오고,
물을 많이 마신 날이면
달빛의 혼에 취해, 술처럼 취해
달빛이 그리워, 달밤이 그리워
파리한 내 정신은
달 밝은 들판에서 머리를 푼다.

시간의 식성

시간은 못 먹는 게 없다.
바위도 오래 오래 씹으면
그 단단한 육질이 무너진다.
63빌딩이나 청와대도 아마
한 천 년이나 이천 년쯤 씹으면
시간의 입속에서 녹아버릴 것이다.
내가 생각하기엔 무엇보다도
시간이 가장 잘 먹어 치우는 것은
여인과 꽃의 아름다움일 것이다.
그러나 시간이 먹을 수 없는 게 있다.
삼킬 수도 없으며, 소화할 수도 없다.
이천 년이 넘도록 씹었지만, 씹으면 씹을수록
시간의 입속에서 더욱 크게 불어나
빛과 향기로 온 세상을 덮는다.
공자나 석가나 예수의 이름이다.
그 사랑의 향기이다.

말싸움, 염색약 발라가며   외 1편

소싸움은 있는데 말싸움은 왜 없냐고?
말꼬리로 건드리면 더 기분 나빠져
뜻 없는 말꼬린데, 말도 안 된다고
히히 힝~ 말머리를 돌리지만
말싸움은 늘 말꼬리 때문이지
히히 힝?!
말소리가 비웃는 소리와 비슷한 줄은 알지만
한번 잡힌 말꼬리는 말머리를 돌려도 때는 늦지
갓 눈뜬 침대에서
망아지들이 먹고 나간 아침 말구유에서도
잡히고 물리는 서로의 말꼬리
사이좋게 외출해도 각자 따로 돌아오면
텅 빈 마구간도 몽골초원이나 된 듯
야생마의 생리도 길길이 되살아나서
말꼬리로 우롱하고 말꼬리 물고 늘어지고
고치기에는 늦어버린 습관으로 굳어져
아무리 칼로 물 베기라고 하지만
검은머리 파뿌리 되어도
염색약 발라가며 싸우게 되잖아.

춘천(春川)은 가을도 봄이지

겨울에는 불광동이 여름에는 냉천동이 생각나듯
무릉도원은 도화동에 있을 것 같고
문경에 가면 괜히 기쁜 소식이 기다릴 듯
추풍령은 항시 서릿발과 낙엽의 늦가을일 것만 같아

춘천이 그렇지
까닭도 연고도 없이 가고 싶지
얼음 풀리는 냇가에 새파란 움 미나리 발 돋음 할 거라
녹다만 눈 응달 발치에 두고
마른 억새 꽤 벗은 나무 가지 사이사이로
피고 있는 진달래꽃을 닮은 누가 있을 거라
왜 느닷없이 불쑥불쑥 춘천을 가고 싶어지지
가기만 하면 되는 거라
가서, 할 일은 아무것도 생각나지 않는 거라
그저, 다만 새봄 한 아름을 만날 수 있을 거라는
기대는, 몽롱한 안개 피듯 언제나 춘천 춘천이면서도
정말, 가 본적은 없지
엄두가 안나니, 두렵지, 겁나기도 하지
봄은 산 너머 남촌 아닌 춘천에서 오지

여름날 산마루의 소낙비는 이슬비로 봄 바꾸고
일찍 오는 가을은 봄보다 더 봄다워져서
쌓이는 낙엽 밑에는 봄나물 꽃다지 노랑웃음도 쌓이지
춘천이니까.

우체통이 있는 길목에서 　외 1편

우리 품에
엽서 몇 장 품고 살자
푸른 잎 때 없이 흩날리다
흩날리다 자취 없는 길목

우리 서로
잊었다가 문득 생각나는 날
식지 않게 살아온 이야기 몇 줄
엽서를 꺼내 쓰자

바람 든 골 깊을수록
울림은 깊고도 멀리 여운(餘韻)지리니
우리 살아가는 길목
못다 한 이야기 퍼 담을
우체통은 어디 있는지
가끔은 찾아볼 일이다.

우리 가슴에
엽서 몇 장 품고 살자.
서로 그리운 마음 엮어

바람만 고이는 우체통에
뜨거운 속삭임 채워 넣자.

골목 어귀에서·1

지금은 지상에서 사라진 골목길
세 들어 살았던 골목 막다른 집

개미굴 같은 골목길에서
숨바꼭질 하던 또래들 꼭꼭 숨어
나타나지 않는 지금은 이름도 얼굴도 잊었다
모세혈관 줄기 같은 골목길에서
책가방 매고 내달리던 가쁜 맥박이
밤안개 속 가위눌린 저벅 걸음으로 선 골목어귀
오동나무 잎맥처럼 가느다란 갈래 길에서
세포 분열하던 때 꼬쟁이 꿈들이
바람벽 모퉁이에 모여 햇살에 마르고
바람에 닳은 가랑잎 되었을 그 골목길
이젠 오리무중이다

전주시 경원동 1가 88번지 골목 끝집
내 기억과 추억과 역마살의 원점이다

입구와 출구가 한 통속인 골목어귀에
초가지붕 삭는 냄새가 난다

문풍지에 들던 군불 냄새가 난다
땀내 젖내 가시지 않은 땀방울 식어가는 해질 녘
허기도 잊고 싸돌아다니는 병아리, 강아지 이름들
아랫목 양은 밥통보다 따뜻하게 부르는 소리가 들린다
곱셈 구구단 주절거리며 팔딱거리는 어린 숨소리들
지금은 지상에서 사라진 골목어귀에 맴돌고 있다

담장이 외 1편

가던 길 멈춰 버리는 것
참 쓸쓸한 일이다
매운바람 채찍질하며 지나가고
마디마디 성애가 돋는다
서둘러 제 길 떠나버리는 철새 떼
그러나 선 채로
긴 겨울 맞이해야 하는
담장이 넝쿨
길 위의 흐르는
눈물과 웃음 손에 쥐고
십자가에 메 달리 듯 벽에 붙어
꼼짝도 할 수 없다
끝없이 오를 줄만 알았던
습성의 줄기
한 겹 두 겹 옷 벗김을 견디며
온 몸 손이 되어
단단히 벽을 움켜쥔다

미이라

심장 하나 담겨 있다

수천 년
무엇을 기다리고 있는가
저 거부 할 수 없는 존재의 모습

그녀의 자궁은 수태를 기다리며 아직
단지 안에 담겨 있을까

죽어서도 허공을 맴돌며 그녀를
지배하는 골수

흩어졌던
가슴과 뇌수와 바람 그리고 눈물로 온전히
하나가 되고 싶은 여인

혹여 그대 전생의 내 몸은 아니었나

진녹색과 금빛 귀티 나게 단장한
한 여인을 만났다

작은 것들에 대하여 외 1편

한낮 허공에 가득한 빗소리
항아리에 담긴 시든 안개꽃이 마룻바닥에 지니, 순결한
몰락이다 무너지는 소리를 키우지 않은 안개꽃의 목숨은
등불 켜지 않아도 별꽃이다
유리창에 굴러 내리는 빗방울은 어느 아득한 나라로
향하는 묘연한 잠적인지…… 순하고 억울한 사람들은
컴컴한 뒷소문 남기지 않고 사라지는 빗방울
빗방울은 차가운 벽에 손톱을 세울 줄 모른다

빈 산에 잔돌멩이 굴리며 넘어가던
어깨 젖은 사내가
아기똥풀 곁에서 오줌을 누고 있다
하늘에 오르면 별이 되는
작은 것들
나는 지금
말간 술잔에 떨어지는 눈물 한 방울이다

폭설

시내 가는 길은 무릎 빠지는 눈길로 두절되고
집 한 채 없는 벌판에서
전라도 나주역(羅州驛)은 혼자 엎드려 있었다
산야 가득히 휘몰아치는 눈발 속에
비닐하우스의 등뼈가 휘어져 묻혔다
플랫폼엔
막막한 시선의 펄럭이는 얼굴들이
꺼진 등불처럼 스산했다
누구에게나 아무도 없었다
누구에게나 아무것도 없었다
마구 쏟아지는 눈 속에서

기차가 오고
혼자 떠났다
텅 비어서 하얗게 떠났다

백색 테러는 순수하고 독했다

원효로 종점 외 1편

선생님은 그렇게 계셨다
한 여름에도 한복만을 입으시고
시의, 시가, 시에 오직 그 놈의 시만 이야기하셨다
젊은 시인들을 만나면
이놈들 술 잘 먹는구나. 어디 더 먹어라
철철 넘치게 따라주시던 술잔
우리는 아무 거리낌 없이 들이키곤 했다
술은 왜 먹는고?
우리는 그저 선생님은 시만 아는 바보라고 생각했다
아무것도 되지 못하는 시를
돌아가는 길
담벼락에 마주서서 그저 시원하게 쏟아내곤 했다
어둑어둑 밝아오는 원효로의 불빛들
종점으로 들어가는
전동차 한참 머리를 치받고 있었다.

버스스톱

나는 아직도 그때 그 거리에서 서성인다. 무정의 기계 가슴 속 동전 밀어 넣으면, 뜨거운 커피도 차가운 콜라도 꽐꽐 쏟아지는 신나는 세상. 손마다 전화기를 들고 다니며, 아무데서나 누구와도 통하는 요즘. 이전엔 이곳에 다방 귀거래가 있었는데, 목월도 수영도 두진도 시인이라는 이름으로 서로 만나 차를 마시고 담배를 피우며 창밖으로 보이는 세상을 바라보곤 했었는데. 진보는 보수를 순수는 참여를 리얼리즘은 모더니즘을 서로가 서로를 아니라고 손사래 치며 헤어진 겨울 거리. 나는 아직도 그때 그 거리가 그대로 저기 보이는 모퉁이쯤에서는 만날 수 있을 거라는 믿음을 버리지 못한다. 가난했지만 결코 남루가 아닌, 우리의 열정이 아직도 통금의 밤을 뜬눈으로 지새우며, 백열등 아래 앉아 있을 것 같은 밤. 아직도 나는 세월 건너뛰지 못한 엉거주춤의 품으로, 광화문 네거리, 돌아오지 않는 버스 기다리고 서 있다.

쏟아지는 눈 외 1편

허기진 날
아득한 허공을 흐리며
끝없이 추락하고 있는 너는
여전히 창백한 외로움이고,
가뭇없이 흔들리다가
잠시 멎은 바람처럼
짐짓 딴청을 부려보지만
사랑이 서툴기는 마찬가지다.
때로는 무섭게 질주하는 푸른 말들의
가쁘게 몰아쉬는 타는 갈증으로,
때로는 그리움의 바다 한 가운데
닿을 듯 닿을 듯 날고 있는 나비의
은빛 박하향 기다림으로
아직도 너는
떨리는 마음 추스르는 중이고
순결한 천사들 쓸쓸하고도 황홀한
적막감으로 온 세상
하얗게 하얗게 덮고 있는 중이다.

스퐁나무

하늘나라에서
가만히 내려다보고 있는
하느님 눈에는
석기시대에 와서 내리는 눈이나
철기시대에 와서 내리는 눈이나
거기서 거기다.
다만, 우리들 작은 땀방울이
소리 없이 증발하고 있는 시간에
물끄러미 지켜보고 서 있는
스퐁나무
굵은 뿌리가 조금씩 자라서
하늘에 닿을 기미가 보일 때마다
사랑니를 심하게 앓고 있는 세상
어려운 사람들 관심은
어느 순간에 위대한 과거가
흔적도 없이 사라지지나 않을까
우려하는 것뿐이다.

깊은 우물 외 1편

그 우물은 깊었다.
찬물이 고여 있었다.
우물 안쪽으로 쌓아올린 돌 틈에선
검푸른 이끼가 자라고,
이끼에 서린 물방울이 툭 떨어져
투명한 소리로 울리곤 하였다.
한나절 우물에 귀를 대고 있으면
떨어진 물방울 소리들이
소리끼리 어우러져
한 편의 시로 울리는 걸 들을 수 있었다.
우물은 우물가에
닭의장풀이며 여뀌, 질경이풀들도 기르면서
자잘하고 여린 꽃들로
박새나 노랑턱멧새들을 불러
지저귀게 하였다.
그 우물은 깊었다.
하늘을 향해
까마득한 바닥까지 열어 놓고 있었다.

하류

거기 나무가 있었네.
노을 속엔
언제나 기러기가 살았네.
붉은 노을이 금관악기 소리로 퍼지면
거기 나무를 세워두고
집으로 돌아오곤 했었네.
쏟아져 내리는 은하수 하늘 아래
창문을 열고 바라보았네.
발뒤축을 들고 바라보았네.
거기 나무가 있었네.
희미한 하류로
머리를 두고 잠이 들었네.
나무가 아이의 잠자리를 찾아와
가슴을 다독여 주고 돌아가곤 했었네.
거기 나무가 있었네.
일만 마리 매미 소리로
그늘을 만들어 주었네.
모든 대답이 거기 있었네.
그늘은 백사장이고 시냇물이었으며
삘기풀이고 뜸부기 알이었네.

거기 나무가 있었네.
이제는 무너져 흩어져 버렸지만
둥치마저 타 버려 재가 돼 버렸지만
금관악기 소리로 퍼지던 노을
스쳐가는 늦기러기 몇 마리 있으리.
귀 기울이고 다가서 보네.
까마득한 하류에 나무가 있었네.
거기 나무가 있었네.

세청(洗淸)골에 와서　외 1편

꼬불꼬불한 산길 따라 세청골에 와서
누더기가 된 마음 씻으며
비속에 앉아 우전차를 마신다.

산냄새 풀향기 은은히 떠돌고
추잡한 몸 빈 그릇이 되기까지
나를 버리라 버리라는 빗소리
우람한 고함 소리
내 몸을 잡고 흔든다.

세청골 산아 찻집에 와서
빈 그릇이 되는 길
자유를 배운다
빗소리에 우둔한 귀가 열리고
솔잎에 비 듣는 소리
산이 우는 소리 듣는다.

신라 고분공원에서

싸늘한 바람이 분다
바람결에 일어나는
바르르 떠는 가을빛 풀잎
풀잎이 우는 소리
고분 사잇길이 흔들리고
아득한 신라의 소리
옷깃을 잡고 흔든다.

금척리 고분 사잇길을 돌아가면
나를 잡고 흔드는 바람
추잡한 마음 비워라 비워라 한다
모진 여름 햇볕 끝에 피는 박꽃처럼
티 없는 빈 항아리같이
신라의 묵은 집, 고분처럼 삭아내린
빈 마음이 되기까지
풀잎은 사시 울고
새는 창공에 날아올라 까만 점으로 사라지고
가는 걸음 가볍다.

주천강 미륵암 외 1편
－ 나무나라·30

　바닥을 보고 있다 강가 나무들, 역류했던 순간 투명하게 굳어버린 상처에서 꽃이 핀다 그 꽃잎 신발을 만드는 동안 물총새 한 마리 총총총 물이 빠져나간 흔적마다 눈물어린 목청 그려 넣는다 무성한 계절 꽃신을 신고 어둠이며 빛이며 천둥과 번개의 빛깔조차 탁탁 찍어내는 죽비소리, 부처가 되고 싶어 스치는 햇살에도 얼굴 터지는 돌들, 먼 강의 입구에서 맨발로 걸어와 가부좌를 튼다

　번뇌는 모두 흘려보냈으리
　저 꽉 다문 입술

　참 오랜 참선이다

고로쇠나무
― 나무나라·31

오늘은 고로쇠 방에 자리를 폅니다

목마른 가오새 배불리 먹여준
그 마음일까요
시퍼런 대팻날도 깎지 못한 진정함으로
무게를 버리고
목숨 뽑아낸 흔적조차 아름다운
결무늬 만들어 잠속으로 풀풀
날아듭니다

가끔, 방황하는 청춘의 붉은
발자국 찍히고
머리맡에 수북수북 쌓이는
대팻밥 같은 날들
세상과 만난 기억으로 하얗게 탈진한
내 꿈을 마셔보세요, 지붕을 열면
야금야금 달을 파먹는 구름
수액이 흘러넘친 시간의 슬픔
부려 놓습니다

또 누가 사무치는지, 지상의 꽃을 예감하는
저 피 말리는 영혼의 향기
메마른 안식의 십자가 너머 파릇파릇
생기 불어넣으며

젊은 당신을 불러냅니다

물가에서 외 1편

생각이 보이는 물가에 앉으면
제방을 지나 사립문을 빠져나가는 그리움
도 보이는가 보이는 그리움 따라
찰랑거리며 손끝에 잡히는 그대 부드러운 변심
별들이 지고 난 새벽보다
별들이 돋아나는 밤으로 오는 도둑
야심한 밤마다 호수는 사랑을 잉태하고
새벽이 되면 마침내 돌아올 줄 몰랐어라
가출한 별자리를 찾을 줄도 몰랐어라
지금 돋아나는 창포 줄기마다
노랗게 깜박이는 청춘 신호등에 가슴 조리다
돌아가지 않고 텃새가 된 청둥오리처럼
귀가할 줄 모르는 내 몸의 뜨거운 질주여
마음 바닥이 비치는 물가에 앉으면
발 없는 말로도 천리를 가는 다슬기의 지혜
가 보이는가 보이는 물결 따라 흘러가노라면
인생도 따라서 마침내 저 홀로 흐르는 것
상류가 없는 투명한 외로움처럼
사랑마저도 마침내는 하류는 없는 흐름
끝없는 그리움으로 바닥을 보는 이여

마음 골짜기에 숨겨놓은 다슬기 어루만지듯
머물다가 잦아드는 투명한 이슬보다
사랑으로 홍수 진 수량 좋은 인생으로
사랑 귀띔하며 출렁이는 물가에 이르시면.

단풍, 도심에 지다

어라,
지난 겨울
지리산 뱀사골에
그렁거린 햇살로 찾아온
성긴 눈발 같던 그녀 눈물이
산천을 외면한 채 산천어로 사는
나그네 눈시울을 시리게 물들이다니
어라,
지난 여름
대둔산 구름다리로 흔들리며
푸르게 지저귀던
내 영혼의 새 소녀들
천길 세상에 녹색 이야기로 출렁이더니
성장한 여인으로 시집들을 가다니
오늘,
전주 객사 앞길은 온통 노란 춤판
서푼 낭만에 그냥 젖어도 좋을
계절이 향기로운 길거리 찻집이나
험한 이야기 물어내도 나무라지 않을
지나가다 들러보는 골목길 술집

해는 져도 어둡지 않는
가을을 걸을 일이다
그러노라면,
언 손 숨기며 말을 잊은 겨울 손님도
둥지 찾아가는 어깨 내려앉은 이웃도
군고구마 행상이 피우는 발간 모닥불처럼
은행나무 등걸에 피는 등불
파란 신호등 길에 져도 좋으리.

울기 좋은 곳을 안다 외 1편

― D 시인에게

울 만한 곳이 없어 울어보지 못한 적이 있나
울음도 나이테처럼 포개져 몸의 결이 되지
달빛 젖은 몸이 목숨을 빨아 당겨
관능으로 가득 부풀어 오르면
그녀는 감춰둔 울음의 성지를 순례하지
징개맹개 외배미들은 아시겠지
망해사 관음전에 마음 놓고 앉았다가
바다 끝이 뻘밭 지평선에 맞닿을 때
심포항 끼고 바삐 돌아 화포포구로 가지
갈대는 태어날 때부터 늙어 버려 이미 바람이고
노을이고 눈물이지
갯고랑이 물길을 여는 나문재 소금밭으로 가 봐
갯지렁이 몸을 밀면서 기어간 뻘밭의 자국들
그것이 고통스런 시 쓰기의 흔적처럼 남아 있을 때
뒤돌아 봐, 울음이 절로 날 거야
갯고랑처럼 깊이 파인 가슴 한쪽이 보이지
그래도 울음이 솟지 않거든 한 번 더 뒤돌아 봐
녹슨 폐선 하나 몸을 누이다 뒤척이며 갈대숲 너머로 잠기고 있
을 거야
거기 낡은 폐선 삐걱이는 갑판에 역광으로 꿇어앉아

울고 있는 여자 하나 보일 거야
깨진 유리창 틈으로 흔들림이 미세한
울음의 음파가 허공에 닿아
길 떠나는 도요새 무리들 울리고 있을 거야
울음도 감염되어 분열하고 성장해서
화포포구엔 울기 좋은 울음의 성지 오래된 소금창고가 남아 있
는 거지
그곳 우주 가득한 관능을 빨아들이며
잠몰(潛沒)하고 있는 달빛 아래
바로 그녀가 울음의 찐드기야

원효로 4가 5번지

선생님, 저 왔습니다
알전구도 꺼져 있는 적막한 공간
은행잎들 모여서 노랗게 어둠 밝힙니다
고욤나무 잠깐 흔들리고
잎새들 벌레집으로 매달려 떨고 있군요
선생님, 한밤에 연필 깎는 소리
사각사각 빈 뜰에 눈이 옵니다
19문반 고무신이 묻힙니다
선생님, 너무 늦었습니다
원효로 종점 근처 목월공원에도
눈이 옵니다
산도화시비(山桃花詩碑)에 눈꽃이 피었습니다
전차도 끊긴 원효로
어둠 속에 발자국만 남겨두고
선생님, 이제 갑니다

설국(雪菊) 외 1편

호절(好節) 색색 꽃들은
눈빛 같은 씨앗들 타임머신과 같이
흙 속에 묻었다

시린 초승달 뜨고
수행하는 비구니 탑돌이 염원
설국에 입술이 말라 터져도
계절 끝자락 네 기다림은
빙설에도 진자줏빛 동화(冬花)로 살아
꽃잎들은 은꽃 손잡고
허공에서 왈츠 춤을 춘다.

성묘길

–1997年9月26日 유익순 장로님 사십구제 산소에서

목월 시인님 내외분 영전에
하얀 국화 한 다발 놓고
나는 눈을 감았습니다

교수님 가족들
시인 선생님들이 산소에
잡초를 뽑아 주시며 슬퍼하는 모습을 보는 순간
내 눈이 흐려 오는 것을
먼 산 응시하며 눈물 감추었습니다

갑자기 맑은 하늘에서 먹구름 몰리더니
님의 눈물처럼 소나기 한줄기 내려 시원했습니다
곧 소나기 멀리 걷히고
님의 산소 잔디는 금빛 햇살로 빛났습니다

효동교회 목사님 추모예배 시작으로
심상 가족들 풀밭에 앉았는데
이름 모를 작은 새 한 마리 나무에 앉아
사십구일 동안의 님의 산 속 이야기
청아한 목소리로 낭송하더니

어디론가 날아가 버렸습니다
님의 소리였습니다

거기 적막한 숲 속에 님을 묻고
나는 차마 떨어지지 않는 발길에
뒤돌아보았을 때
님은 종종 거름으로 숲길 헤치며
우리들 뒤를 따라오고 있었습니다

아침 시장 외 1편

　벗은 것들을 벌렁 잦혀놓아도 그들은 별로 부끄러워하는 것 같지 않다. 그 옆 반찬가게집 주인은 두 무릎을 공손히 꿇고 앉아 김을 접는다. 꼭 예배당에 온 사람 같다. 어느 촌에서 조반이나 자시고 나왔는지 장바닥 목 좋은 곳 깔고 앉으려고 일찍도 나온 할머니가 나생이와 쪽파 뿌리를 손주 머리 빗겨주듯 빗어 단을 묶는다. 각을 뜬지 얼마 안 돼 아직 근육이 퍼들쩍거리는 돼지고기를 가득 싣고 가는 리어커를 피하며 출근길의 아가씨가 기겁을 하자 무슨 씹이 어떻다고 씨부렁거리는 리어커꾼의 털모자에서 무럭무럭 김이 솟는다. 아직 봄이 이른데 딸기 빛깔이 꼭 칠한 것처럼 곱다. 순대국밥집 앞의 시멘트바닥에 잘 생긴 소머리 하나가 새벽잠을 자다가 끌려나왔는지 꿈꾸는 표정으로 면도를 하고 있다. 갑자기 골목 안이 화안해지며 차 배달 갔다 오는 미로다방 아가씨가 어묵가게 아저씨를 향하여 엉덩이를 힘차게 흔들며 지나간다.

분단 장사

그대가 속초 거진 대진 명파 지나
동해 통일전망대 이르러 두려움에 가슴 조이며
망원경 구멍에 500원 주화를 넣어보면 알게 되리
빨려들어갈 듯 북쪽을 바라보다가 화면이 끊기면
결국 북조선이 500원짜리 상품에 불과하다는 것을 알게 되리
반도의 몸값을 관리하는 아메리카 같은 큰 자본가들의 나라나
돈이 되는 것이라면 에미 속곳도 팔아먹는
그런 장사꾼들 손에 들면
조국이니 통일이니 하는 것들이 결국
닳지 않는 장사 밑천에 불과하다는 것을 알게 되리
철조망 같은 그리움으로도 오갈 수 없는 땅의
소나무숲과 인민군 초소와 사람 사는 마을을
단돈 500원에 볼 수 있다니
그대는 자본가들의 고마움에 눈물짓게 되리

좀·1 외 1편

이사를 하려고 연구실 구석에 오래 쌓아둔 원고뭉치를 풀어헤치자
구멍들이 숭숭 나 있다 좀벌레가 글자들을 갉아먹어
크고 작은 구멍을 내고 구멍 사이로
크고 작은 의미들을 몰아내 버렸다
글자들을 갉아먹고 해탈한 것일까
좀벌레는 보이지 않았다
나는 끙끙거리며
남은 글자들을 끌어 모아
좀벌레가 만든 구멍을 메우려고 하였다 습관처럼
내 습관에 구멍을 숭숭 뚫어 버린 좀벌레의 행방을 생각하면
서……

사관(四關)

어떤 시인들 모임에서 밤늦도록 술을 마신 다음날 아침 나는 탈이 나서 그만 서리 맞은 풀잎처럼 드러눕고 말았다. 점점 백짓장이 되어가는 내 얼굴을 본 어떤 시인이 황급히 바늘을 찾아서 손끝을 찔러 사관을 튼다. "피가 안 나와요 꼭 막혔나 봐요!?" 손가락 몇 군데를 더 찌르며 억지로 피를 짜내자 그제야 손끝에 검은 피가 몇 방울 맺혔다. 그 와중에 그의 얼굴을 슬쩍 쳐다보니 피를 보고 좋아하는 그가 무척 예뻐 보였다. 시든 풀잎이 슬며시 고개를 들듯 어느 틈에 생기가 돌아왔던 것이다.

무디고 무뎌진 바늘처럼
찔러도 찔리지 않는
나의 노래여
졸고 졸아든
검은 피처럼
돌지 않는
사랑이여

어둔 세상의 손끝
그대가 찌른 자리마다
방울방울 검은 피 맺히고

검은 피 맺힌 자리 자리마다
망울망울 꽃망울 틔었으면 좋겠네.

달유리고치나방 외 1편

푸른 벌레인 내가 네 번의 잠을 자고 다섯 번을 다시 나방이 될 수 있다면 날개 가득 커다란 눈을 그리고 검은 휘장을 몸에 두르고 휘휘 날아다닐 수 있다면 장막 같은 속눈썹을 밀어 올리고 온 몸이 심장되어 쿵, 쿵 뛰었으면 내 몸인 줄 알고 있던 고치를 찢고 발아(發蛾)할 수 있다면 부정맥이 낡은 화장실 문짝처럼 심장 판막들을 발로 차대는 밤 엄동의 북풍이 유리창에 서성일 때 너무 이르게 깨어난 나방 한 마리 되어 추운 새벽 날아오르마 엎드려 혼곤히 잠든 시인 하나 이마엔 송글송글 땀이 맺히는데 그 땀을 핥고 취한 나방 한 마리 추운 날개 펄럭이며 달항아리 채우러 날아간다

따개 없는 병

앉은뱅이 갓바치가 종일 끈을 꼬고 있다 꼬고 꼬아 엮으면서 무
늬를 넣기도 한다 천 발 끈 위에 앉아 또아리를 틀고 살모사의 독
을 불린다 넘치는 독의 열쇠를 바꾸어 단다 이제 그 문은 누구도
열 수 없다. 열리지 않는 병 속에 독이 차오른다 따개 없는 병
속에 독의 회오리가 인다 끈을 잡은 손에서 멀어질수록 커진 독의
회오리가 앉은뱅이가파치도 뱀도 겨울잠 속으로 빨아들인다 병은
열리지 않는다 쇳덩이 구름이 쩌렁쩌렁 울어도 열리지 못 한다

당신의 방 외 1편

당신의 방엔
천개의 의자와
천개의 들판과
천개의 벼락과 기쁨과
천개의 태양이 있습니다
당신의 방엘 가려면
바람을 타고
가야 합니다
나는 죽을 때까지
아마 당신의 방엔
갈 수 없을 것 같습니다
나는 바람을 타고
날아가는 새는
될 수 없기 때문입니다

오토바이

난 해질 무렵 몽상가 소부르주아 시인
세상엔 관심이 없다 내가 관심을 두는 건
의자, 작은 방, 개미, 염소

피와 이슬로 된 술 난 현실 따위 모른다
알려고 하지도 않지만 난 현실을 모르는
국문과 교수 허리띠를 헐렁하게 매고
거울을 연구하는 교수

그러나 그러나 그러나 감기엔 맥을 못 춥니다
30년 전부터 어디론가
떠나고 싶었지만

어지럼증 외 1편

11월의 나무는 어지럽다
은성하던 치장
모두 벗어버리고
무중력으로 뻗어올린 허무의 손짓
생각을 칼칼히 씻어낼수록
덕지덕지 달라붙는 번뇌의 비늘
겨울 가뭄으로 목 타는
보문호수를 굽어보면서
목월 선생 그 카랑한 음성으로
도화(桃花) 가지 반쯤 가리고
흐르는 달을 노래하는데
어스름 서걱이는 11월 그믐께
속울음조차 말라붙은 나무는
참말이지 가슴이 시리다.

밤꽃, 지독한 취기

－바람 시편·35

남양주시 화도읍 금남1리
북한강 굽이굽이 물안개
밤나무 밤나무숲
밤꿀 향기 지독한 어지럼증
어린 까치 울음소리
파닥거리는 날갯짓에
우수수 꽃이 지는 강변도로
가쁘디 가쁜 숨결 오오
붉은 혓바닥이여.

고요한 뿌리 외 1편

　시퍼런 녹조 두껍게 걸치고 강 속으로 뛰어들어 마음을 송두리째 놓아버리고 싶었다. 솟아나는 고드름을 온몸에 달고 이빨을 사납게 마주치면서 말없이 유유한 강이 되고 싶었다. 오래 젖은 풀이며 나무손목 잡고 고요히 마음의 그늘에 누운 끈끈한 상처들을 강바닥 밑으로 흘러 보내는 소리 없는 강이 되고 싶었다. 돌아보면 눈먼 돌팔매 쩡, 쩡, 쩡 마음을 되돌려 보내는 수천 겹 빙판에서 가도 가도 강이 될 수 없는 작은 달뿌리 꽂아, 모든 상처의 흔적은 마침내 길이다. 낮은 냇가 깊은 계곡 어스름 돌 틈을 돌고 돌아 시름처럼 마음은 어느 사이 큰 눈을 뜬다. 한때는 가지마다 햇살은 푸르게 뭉쳐진 희망이거나 계곡마다 달빛은 하얗게 뭉쳐진 사랑이라고 말하는 빛나던 시대의 전설도 있었다. 그러나 고요한 뿌리가 악착같이 끌어안는 물을 보아라. 아픈 흔적 무수한 상처들은 저마다 숨겨진 길을 만든다. 보이지 않는 절벽 아래서 그 아래로, 낮게 더 낮게 세상에 절하며 고통에 큰절하며 깨지고 또 깨지는 입 다문 사랑아, 겹겹의 상처 겹겹의 희망의 집에 놀러 올래

슬픈 영화

새벽공원 한 귀퉁이 누렇게 얼룩진 거적사이
잔뜩 웅크린 애벌레 한 마리 움직임이 길다
주절주절 혼자 소리 또한 길다.
병째 마시고 또 마시는 술의 독 아주 길쭉하다
사람들 북적대는 운동장의 흙먼지도 길고
여기저기 새벽을 가르는 기압소리들도 길다

뛰거나 달리는 사람들의 생생한 눈총 겹겹이 껴입고
웅크린 남자의 실성한 등짝에 후덥지근한 식은 바람 들락인다
　　→삽십팔만구천오백원이면살수가한달이하루가뭐그리대수라고,
라고
차가운 시멘트 면벽하여 오체투지 애벌레 연신 염불중이다.
베트콩의 총알도, 마누라도, 새끼들도 다 비껴가고, 가고
한때 축복이고 빛이었을 사내는 낡은
월남참전전우회 입간판 아래 이어진 계단 밑 거적이 방이다.
아니 활짝 열린 화랑공원이 집이다.
찌그러진 빵 같고 뒹구는 소주병 같은 아침
시작도 끝도 없는
　　→커어피하안잔시키어느옹고그으대오오기르을기이다리어부아
도……

　노래의 목소리 가닥가닥 끊기는 그의 년대가 운동장 먼지에 끼
어있다
　　→세에드무비올웨이스맥미크라이세에드세에드세에드드드⋯⋯

　쉬지 않고 앞으로만 가는 시간
　쪼그리고 앉아 소리쳐 부르는 세상은 슬프지도 않고
　오직 흘러간 저 슬픈 영화만 운동장 가득 길고 슬프다.

북 외 1편

죽은 소의 울음소릴 듣는다
벌거벗은 나무들의 몸에서 흘러나오는 수액
나무냄새 가죽냄새 한데 엉겨 신음하는 공방에서 늙은 갓바치가
육 척 장신의 나무여자를 안는다
질긴 천민의 거죽, 들썩이며 섧게 섧게 끌어안는다
입덧하듯 울렁거리는 울림통

딴엔 저 귀명창의 북이 되고 싶었다 소리 소문 없이 잘생긴 소
리 한 놈 배고 싶었다

북메우기 전수자 윤덕진 옹이 사라졌다,
살아나는 이 필생의 북소리

주홍단추

방사선과 탈의실 구석에 잠시나마 누군가의 체온을 실었던 가운들이 허물처럼 수북이 쌓여 있다
외투를 벗어 걸다말고
블라우스 두 번째와 세 번째 단추 사이에 슬며시 손을 밀어넣는다
다가와 고요히 안기는 젖무덤
한때 터질 듯 팽팽하게 끓어오르던 시절이 있었겠다
앞자락에 매달려 흔들리는 무슨 열매 같기도 열매 이름 같기도 한 단추들
차례로 눌러 연다
덜컹이는 가슴 애써 싸안고 온 브래지어를 고탄력 팬티스타킹을 가까스로 달래어 벗긴다
서늘한, 여기 어디 무른 틈새에 우물같이 깊은 죄를 묻었던가
뒤늦게 사진에 미쳐버린 K는
모처럼 흑백사진 몇 컷 제대로 찍어두는 거야, 알았지?
병원 입구에 날 내려주며 볼우물에 윙크까지 해댔다
나 맨몸에 갓 세탁된 가운, 익명의 허물을 걸쳐 입고 묵묵히 사진 찍으러 간다 그 죄 낱낱이 고하러 간다
마주보고 고하고 돌아서서 고하고 누워 고하고 엎드려 고하고 좌로 구르다 우로 구르다 거꾸로 매달려 찰칵, 찰칵, 찰칵……
누군가의 허물에 내 허물 덤으로 부려놓고 내처 도망쳐오는

나는 자꾸 더듬거리며 블라우스 두 번째와 세 번째 단추 사이에
손을 밀어넣는다
　주홍빛 슬픈, 불혹의 네 번째 단추가 고갤 숙인 채
　더욱 붉게 뜨겁게 매달리고 있다

조로서도(鳥路鼠道) 외 1편

새가 열고
쥐가 다진 길을
사람이 간다

이 아 오
유목민들 고독한 심장이
세 줄기 음으로 풀어져
스미는 길

히말라야 눈비에 젖은, 야크 잔등의 찻잎을
설산 바람이 푸얼차* 깊은 맛으로 발효시키는 길

소금 두 자루 싣고 서너 달 걸어
옥수수나 보리, 마늘 열댓 개와 맞바꾸고
되돌아오는 길

산 언저리를 겨우 빌린 벼랑길에선
야크의 짐을 내려 들고 가는 길

미개하다고 혀를 차는 순간

호수의 푸른 입이 발목을 당겨 문다

사람과 사람 사이
수시로 범람하는 물길에 비하면
더없이 정직해 아름다운 길

나무가 나무로
짐승이 짐승으로
사람이 사람으로
살아가는 아스라이 길

* 푸얼차 : 중국 궁중에서 즐겨 마셨다는 보이차.

달빛 변심

11월 내내 달빛이 수묵화 그린 걸 안다

강물 화선지에 물억새 붓으로 그린 그림이 최고였다

내 몸 빌려 그린 그림은 어떨까 기웃거렸으나

달빛이 먹어들지 않았다

동지 즈음하여 달의 변심을 보았다

그림 집어치우고

엎드린 물억새 등을 타고 앉아

간지럼 소리 하얗게 일주문을 세웠다

한 그림자

웃음소리에 몸 담갔다 공중에 써대는 제 행 무 상

껴입고 바람이 또 일어선다

눈 내린 오리나무 숲 외 1편

눈 내린 오리나무 숲으로 간다.
오리나무는 나귀처럼 목방울을 쩔렁거리며
나에게 가볍게 목례를 보낸다.
조금만 가면 아이들 벙어리장갑 같은
통나무집을 만날 것이다.
그 굴뚝에 귀를 대고
어머니 무릎 위에 놓인 옛이야기를 엿들으리라.
눈 위 산꿩 발자국이 잣나무잎처럼 푸르다.
아마 민가에 내려가 푸른 콩 몇 쪼각
훔쳐 먹고 돌아간 모양이다.
나는 산꿩을 만나면
산열매가 묻혀 있는 데를 귀띔해 줄 것이다.
지난 여름 싸리꽃 한 무더기 피어 있던 곳,
별똥이 떨어지던 곳,
나는 잠깐 멈추어 서서 구름으로 표시해 둔
그 곳을 두리번거리며 찾아본다.
추억의 양젖에서 갓 짜낸
한 잔의 따뜻한 우유를 마시고, 오리나무는
겨울에 비스듬히 기대어 있다.
산토끼라도 만났으면 좋겠다.

그들이 갉아먹은 으름덩굴잎이, 그들이
발바닥에 묻히고 다닌 산이슬이
어떤 꿈으로 변했는지,
산토끼의 빨간 눈을 쳐다보고 싶다.
나는 이대로
하늘로 뻗은 오리나무 가지 끝까지 걸어가
맨 첫 잎사귀로 피어나, 봄에
가장 먼저 찾아온 새들에게
내 따뜻한 심장을 내어주고 싶다.

허리를 굽혀

들길을 걷다가 허리를 굽혀
길에 떨어진 벼이삭을 줍는다.
들녘에 지는 긴 해 그림자를 밟고 서서
나는 벼이삭을 들여다본다.
벼이삭 하나에도 감사할 게 참 많은데
나는 그동안 너무 감사의 마음을
잊고 살아왔다.
가난한 어린 시절,
들녘에 떨어진 벼이삭을 주워
치마폭에 담아오던 어머니,
따스한 저녁 불빛이 되어주던
어머니가 주워온 벼이삭,
문득 내 손에 쥔 벼이삭이
늙은 어머니의 틀니처럼 무거워진다.
들머리에 엎드려
씨를 뿌리고 거두는 사람들,
아버지의 괭이가 그러하듯
어머니의 호미가 그러하듯
나는 겸허하게 허리를 굽힌다.
들녘 사람들을 향해.
벼이삭 하나를 향해.

갯벌을 향하여 외 1편

갯벌에 밀어닥친 검은 기름을 본다.
절망의 기름 떼가
은총의 반대편으로부터 밀려 왔다.
내 손은 떨리고
다리는 후들거리다 못해
아무나 외면하고파
펄썩 주저앉는다.

이 나이 내 사랑과 소망도
그냥 자리만 있으면 주저앉고 만다.
지상의 소나무가 밤새 고열을 앓고
이런 천재 아닌 인재도 있는가 싶게
분노마저 처연해진다.
며칠 몇 밤 이런 뜬 눈의 시간들이
또 한 해를 넘기는가.

콜타르 덩어리가 되어버린 긴 내 장화
검은 태양이 이글거리는
내 궁둥이
하늘의 신호는 왜 이리도 더디게만 오시는가.

하늘을 덮은 까만 별빛 아래서
나의 한 끼 양식은 오로지 재뿐이다.
슬픔에 절어버린 재 한 줌뿐이다.

보낼 것은 보내며
검은 재앙조차 푸른 물살로 바꾸며
다시 봄날의 갯벌을 향하여
당장에 패망하지만은 않게 하소서
패역을 품지 말며 악을 꾀하지 말며
다툼을 일으키지 말며
오로지 갯벌을 향하여

게걸스러움에 대한 묵상

마늘을 즐겨 먹는다. 누가 시킨 일도 아닌데 요즘은 비타민 씨도 열심히 챙겨 먹는다. 다 천박한 일인 줄 알면서도 마 갈아먹는 일까지 한다. 국이면 무조건 마늘 갈아 으깬 것을 듬뿍 집어넣는다. 이래야 맛이지 하면서 입에서 마늘 냄새 한참 가는 것 정도 무심하게 넘긴다. 비타민 씨 많이 먹는 것 별 효과 없다는 말쯤 귓등으로 흘려 넘긴다. 너는 너, 나는 나, 이렇게 똥 뱃장이라도 두둑해야 입맛대로 챙겨먹을 수 있잖은가. 무엇이 그리도 서러워서 이리도 작심하고 늘그막 그늘 집에서 한 끼 한 끼 게걸스럽게 먹어 치우는가. 마만 해도 그랬다. 얼마나 먹고 싶었던가. 조그만 접시에 마 간 것에 참기름 한 방울 친 것, 그게 그렇게 먹고 싶었단다. 얼마나 더 오래 살려고? 주머니 사정이 오늘만만 해도 이 게걸스러움은 유지될 수 있을 텐데 서해 바다 기름 떼 몰려오듯 그런 재앙 한 방이면 이 모든 게 빠이빠이 아니던가. 그게 바로 내일일지 모래일지 아직도 더 얼마나 서러워야 이 천박한 목숨 달래기 작업이 멎어지려나.

새들은 망명정부를 꿈꾸며 비행한다 외 1편

새들은 망명정부를 꿈꾸며 비행한다.
머리 둘 곳 하나 없는 세상
어쩌면 이 비행이 멈추지 않을지도 모르는데
떠남에 익숙해져 버렸다.
갈망의 주머니를 안고 사는 유목민처럼
내 가진 것이라곤 모래바람을 막을 수 있는 모포 한 장과
반가운 손님을 대접할 말 우유 한잔이 전부
다시 돌아갈 수 있을까
연녹빛 잎사귀들의 속삭임에 웃음을 참을 수 없었고
창연한 가을빛에 넋을 잃었던 곳
안온한 둥지에 세월을 묻었다.
바람에 허리가 꺾인 어느 겨울날
눈의 무게를 못 이겨 뚝-뚝- 비명을 지를 때
소리의 굉음을 피해 도망치고 말았다.
새들은 망명정부를 꿈꾸며 비행한다.
유전자 속에 각인된 본능이
기억 속에 흐려지고 찢겨져 나가길 기다리며
새 날의 새 둥지를 찾아
무정부주의자는
저무는 햇살을 등에 업고 장엄하게 날아오른다.

아버지의 어깨

창문 끝에 걸려 있는 푸른 산등성이
비스듬히 다가오는 아.버.지.
비 오는 날 바바리코트를 걸쳐 입고 늦은 밤거리로 나와
아버지가 흘리고 간 카키색 옷자락을 뒤좇아 간다.
패스트푸드점에서 햄버거를 먹는 50대 남자
그의 금이빨이 왜 그리 슬퍼보였을까
텔레비전 뉴스 화면에 나타난 비슷한 얼굴을 바라보고
눈물을 흘렸다
그리움인가
여섯 개의 목숨을 품던 아버지의 어깨
굴곡이 급격한 산이
수만 년의 세월을 거쳐 완만한 산등성이로 변하듯
모든 것을 덜어낸 완만해진 산
이제
그 어깨 위에 내 어깨를 가만히 기대어 본다.

침묵의 언저리 외 1편

인적 없는 풍경화 속에서 눈 내린다.
음모처럼 온 동네에 침묵이 내린다.
폭설보다 무겁고 힘센 침묵이 쌓여
마을의 집집마다 처마가 조금씩 기울고
기둥들의 키가 은밀히 내려앉는다.
귀만 있고 입 없는 사람들이
그림자로 걷고, 그림으로 앉아 있다.
사람들은 기억 속에서 울고, 망각 속에서만 웃는다.
폭설이 어둠을 하얗게 칠하는 밤,
불면의 닭들은 속절없이 홰를 치며
울음을 탕진하고 황금 깃털을 날리지만
눈 오는 풍경화 속에서 닭들은 더 이상 울지 않는다.
닭이 운다는 걸 안 믿는 사람도 없는,
닭의 목을 비튼다는 처참한 금언이
돈이 되는 이 침묵의 도시에서
닭들은 대개 슈퍼에서 침묵을 다하고
냉동된 행동으로 사명을 관철하고 있으니
죽은 닭보다 더 생생한 닭이 없구나,
창 밖에 눈 온다, 들킨 기억처럼
손바닥 내밀어 차가운 눈물에
손을 적신다. 기억 아닌 눈물에 적신다.

구름과 여우

물새가슴 깃털 속에
남모르는 죽을 죄 넣어두고
제 그리움 한 점 그려놓지 못할
바람의 사원만 지었다 헐었다
필생을 다해 지은 죄로 그가
그대의 동공에 넘치고 있다.
그 구름이 떼로,

삼신산(三神山) 약물을 길어
아귀아귀 먹고 마시며
설레는 제 눈을 뽑아 어둠 속에 던져
산기(産氣) 묻은 들숨 한 올을
제 것으로 얻는 그런 날
캄캄한 신생(新生)의 구름 그림을 떠나는
그대 앞에 그가 마주선다.
그 여우가, 홀로

봄비 외 1편

낮 익은 발소리 대지를 적시네

게으른 농군의 마음
아직 겨울이네

성급한 개나리 고게 내밀며
휘둥그레한 눈빛으로
두리번거리네

내 가슴 만큼 상처가 깊었을까
찬바람 멍든 나뭇가지

이제 봄이 오면
너도 나도 상처를 잊겠지
고운 옷 갈아입겠지

그러나 아직 관악은 백설이네

검용소에서

금대봉 지나다 이무기 용트림 엿본다

자유를 향해
끝없이 솟아오르는
너의 몸짓

하얗게 꿈틀거리는 은빛 비늘은
그렇구나 서해의 이무기
그 모습이었구나

잠시 서성이는 안개의 푸른 발자국
검용소에 몸을 적신다

다시 새해 외 1편

처연한 과거의 정체가 무엇인지 모르지만은
가슴 속에 또 하나의 얼음기둥을 매달고
단단하고도 찬 그 응어리를
나는 작년에도 녹이지 못했다
아파하는 소리가 너무 커서
달빛의 섬광만을 붙들고
눈물이 뜨거워지던 시간
이제 그 뜨거움으로
얼음기둥이 녹으리

내 안에서 자유를 얻은 대가로
싱싱한 나무의 이름을 잊어버릴 수밖에 없었던
그러나 채집된 나무의 이파리와 열매는
내 생명의 색으로
세상 아무도 창출할 수 없는 채색으로 휘황했음을
부디 올해에는 귀끝을 스치는 바람이
그 환한 미명을 알아볼 수 있기를

무덤

혼자가 된 너를 만난다 자유롭게 박혀있는 천계의 무늬가 그래
도 서럽다 무늬의 파르스름함도 겨울이라 없다죽는 순간 한없이
줄어든다는 너의 몸무게 앞에 이승에서 불어가고 있는 나의 몸무
게가 죄송하다 야생의 뿌리들이 속으로 손잡는 겨울 봉분의 터에
그리운 생시가 구름도 되고 바람도 된다 왜 네가 먼저 갔는지 네
몸에 이르는 고독을 이해할 수 없는 아침이다 갈증의 시간에 비가
내린다 변형된 땅의 살결이 둥근 것은 네가 살아온 생애가모나지
않았기 때문이다

노들레 흰들레 외 1편

물결치는 보리밭
남은 인연의 자락
보이는 온갖 들꽃의 흔들림

모든 사람들에게 나누어 주고 싶은
그 환한 웃음을 따라
커다란 날개로 온 산을 덮고

자꾸 바라보고 싶은
먼 시간 위로
그대 마음 하나 돌려보내고
피어난 노란 민들레

너른 들녘을 바라보며
함께 숨쉬는
내 마음의 하얀 민들레

오늘은
그 시간의 끝으로 다시 핀
노들레

흔들레

꽃내음 가득 물결치는 보리밭
남은 인연의 자락으로
다가오는 목월의 고향

겨울이 오면

겨울이 오면 또다시 겨울이 오면
물빛 보이지 않는 그 결빙의 날에
눈 내리는 밤은 뜨거운 가슴으로 오고

하나 둘 별이 보이는 또 다른 밤
먼 바다 등대로 다가오는 불빛을 보아라

울음 억세게 우는 억새풀 자락 끝에는
진한 들풀의 소리가 휘파람처럼 지나고

내딛는 발자국마다 쌓이던 함박눈
빛나는 눈빛과 불빛 사이
날카로운 절벽 끝으로 빛나는 칼날

칼끝에 흩어지는 때 묻은 날의 골목
지나는 바람을 따라 거리로 나선다

흩어지는 바람이기 위하여
사랑하는 사람의 겨울을 위하여
그리고 만나고 싶은 그리움을 위하여

 이승과 저승을 잇는 무지개다리

겨울, 사랑의 노래 외 1편

쓸쓸한 겨울 햇살 아래 거리는
텅 비어 있었어요
못 견딜 일
아스팔트는 휘어져 능선이 되고
빌딩들은 엉겨 붙어 산을 만들어
고개 숙인 표범 한 마리
소리 없이 지나가고
나무들은 여윈 가지 힘껏 흔들어
하나 둘…… 수천 겁의 인연을
헤아리고 있었어요

사는 일이 참담할수록
뿌리는 단단해지고
투쟁이 힘겨울수록 역사는 빛나는 거라고
말했었나요 하지만 오늘은
길고 긴 싸움에 지친 휘파람 소리뿐

풀, 꽃 여린 것들은 모두 흙 속에
살을 풀어 잠자는데
언 땅 밟으며 일터로 간 사람

쓰러진 울타리 고쳐 세울 때
햇살은 날아가 못 박히고
못 하나는 가슴에 남아
못 견딜 일

못 견딜 일

저기 산 그림자 내리는 길 따라 내가
조금씩 녹아내려
그대 그림자 위에 살얼음으로 깔린다면
어느 전생이 우리 몫이었는지
알 수 있을까요

돌아보면 아득한 마음만 달려 나가
우르르 우르르 돌 구르는 소리로
건너 산에 안겼던지

하늘 손

하늘 손이 스윽스윽 나무를 쓰다듬으면
나무는 스스스 제 잎사귀들 펼치고
하늘 손이 스윽스윽 나를 어루만지면
내 몸에 달라붙은 악착같이 슬픈
생각들 스르르 떨어져 내린다
괜찮아

하늘 손은 나무에게
괜찮아, 괜찮아

언젠가 내가 바다 속 작은 물고기였을 때
보았어
하늘 손이 파도를 툭 툭 두들겨
깊은 바다 속 땅까지 울렁거리게 하고
내 작은 지느러미 곤두선 채로 휩쓸려 올라가던
그 아찔한 사랑 소름 끼쳐도
괜찮아 괜찮아

들길 외 1편

느개가 되고 싶다.
해를 가리는 햇무리의 따뜻함으로
촉촉이 스미어 위안 받고 싶다.

풀잎 밟고 지나는
걸음마 아이 되어
천진한 잠 속 깊이 빠지고 싶다.

총총한 별빛 눈 떠지면
별똥별
주욱 선을 긋고 지나는
그런 밤 포근히 안기고 싶다.

아득한 새벽녘
희미하게 들길 열리면
막무가내로 뛰어 나가
철부지 맨발로
이슬 밭에 넘어져도
네 큰 손이
안아 일으켜 주는

그 큰 가슴의 보드라움이 보고 싶다.

* 는개 : 안개 보다는 조금 굵고 이슬비보다는 조금 가는 비

백담사 골짜기

계곡과 골짜기 사이
솔숲 향기로
심신이 환해진다.
절여진 세상의 때를
산새들 노랫말로 닦아 낸다.

바위 틈 들락거린
다람쥐 산까치가
태조의 이야기 귀담아 들으란다

고요 속 드러내
빙그레 웃는 만상

물줄기 따라
내장까지 환하게 드러내는 빙어들이
돌 틈 사이마다
활개치는 자유로움이 부럽다.

헤엄치고 싶다
면경알보다 마알간

물 속 깊이 뛰어들어
홀가분하게
몇 날 며칠
이 풍경에 함께 들어 취하고 싶다.

봉합 외 1편

내 몸속이 단번에 들통 났다

우르르 쏟아져 나오는 노을빛 시간들 뒤로
수술대 불빛에 눈을 찌푸린 채
입 다물고 있던 죄목들이
모조리 쏟아져 나왔다

수술용 칼이
바닥에 더께로 앉은 비밀까지다 긁어냈다
몸을 잃은
무의식이 둥둥 떠다녔다

의사가 배를 봉합해 주었다

너무 딱해 보였는지
푸른 별 한쪽도 슬그머니 밀어넣고
굵은 햇살바늘로 단단하게
꿰매주었다

지상의 저녁을 한 입 가득 베어 문

노을이 거드름을 피우며
지그시 내려다보고 있었다.

누군가 나를 지켜본다

아, 사람의 몸에서 저런 게 나오는구나!
지하철 안, 머리카락이 누런 마대를 한 가닥씩 풀어놓은 것 같은
저 외국 여자

나도 내 몸을 들여다보다 문득 생소한 몸뚱이와 눈이 마주쳤다
단단히 무장된 갑옷 옆으로 삐져나온 손이
달리는 땅의 손잡이를 꽉 잡고
진공의 머리통을 흔들며 지하로 가고 있었다

터널이 늑골을 통과해 깜깜한 속도로 목구멍을 달려오는 동안
몸에서 나온 여러 겹의 나를 보았다
제각기 다른 행선지에 발을 얹고
제각기 흥얼거리는 소리들,

내게서 나온 누군가, 나를 지켜보고 있었다

물끄러미 누런 머리카락 속 나를 바라보는, 순간 휙 돌아보는
저 눈,
이미 알고 있었나 보다 나를.

헛가지* 외 1편

배 밭을 지난다. 겨우내 잘라낸 곁가지들이 바닥에 흩어져 있다. 부풀어 오르는 배꽃들, 잘라내 주어야 실하게 열매를 맺는 배나무들

　―글쎄, 어린것이 내가 엄마인줄 알고 있다가 또다시
　　버림받은 걸 알게 된다면 얼마나 배신감 들겠니?

낳자마자 화장실에 버려졌다는 코가 오똑한 수화(秀花), 비행기 안에 홀트 아기를 휴지조각처럼 꾸겨 넣고 돌아와, 괴로워 누렇게 뜬 얼굴로 울먹이던 언니 얼굴이 겹쳐진다. (8개월 간 맡아 돌보던 그 아인 네덜란드로 입양되었다)

후둑후둑 잘려나간 가지들이 바닥에 누워 배나무를 지그시 올려다보고 있다. 젖이 막 돌기 시작한 젖꼭지처럼 부풀어 오른 꽃몽우리들은 화사한 절망이다. 바닥에 흩어져서도 꽃을 피우려는 배꽃들, 안쓰러움에 가지를 주워 귀에 대본다.

　―아이구, 눈이 있으면 이것 좀 봐라. 병해 때문에 허옇게 대가리 쳐들고 하늘 쳐다보는 벼모감지가 네 눈엔 보이지도 않냐? 여자가 공부혀서 어따 써먹는다. 싸가지 없는 것이 남동생에게

양보혀야지.

논둑에서 뒹굴며 야단치시던 어머니의 목소리가 아득하게 아프
다. (고 3때의 그 날, 난 여자라는 말뚝에 기꺼이 고삐를 맺던가)

배꽃이 빈혈처럼 쏟아지는 화사한 봄
버려지고 잘려나간 헛가지.

* 헛가지: 오랫동안 잠을 자던 눈이 갑자기 터서 쓸모없이 뻗은 가지.

겨울 자작나무

누가 발라먹은 생선 가시일까?

한 점 살마저도 다 떼어주고
빈 몸으로
빈 몸으로

묵묵히
추운 겨울 산문(山門) 앞을
지키고 서 있는
자작나무

아!
어머니

자작나무 옆에 다가서면
어머니 살 냄새 비릿하다

가을 하늘 외 1편

단석산(斷石山) 위의 하늘이
새파랗게 쪼개진다.

보랏빛 먼 석산 아래로
목월의 스프링코트 자락이
구름처럼 펄럭이며
이 아침 길을 떠나고 있다.

오봉산이 보이고
여근곡(女根谷) 그늘 골짜기에서
맑은 물이 고여
푸른 하늘로 흘러넘친다.

허수아비들이 그때처럼
팔을 벌리고
가을을 안아다 놓는 들판으로
투명한 꿈들이 까맣게 날아가고 있다.

어떤 예감

낡은 괘종시계가 새벽을 둔탁한다
잠이 깨어 일어나 앉으면
이 가을을 적시며 비 내리는 소리
어릴 때 죽은 단짝친구의 목소리가
밖에서 나를 불러낸다.
희뿌옇게 어려오는 영창 너머로
불빛에 어른거리는 나뭇가지가
담을 넘어 가고 있다 이 새벽에.
멀리서 지나가는 디젤기관차의 찢긴 목소리가
산을 넘고 강을 건너 나의 창문을 흔든다.
오늘은 누구의 부음(訃音)을 들을 것만 같은
우울한 일요일,
아침을 지나가는 검은 까마귀가
내 영혼 위에서 깍, 깍, 울고 있다.
첫 미사를 알리는 새벽 종소리와
우렁차게 들려오는 대 영광 송,
묵주 알을 굴리며 성호를 그으면
낡은 괘종시계가 새벽을 둔탁 한다.

시간의 잔상 외 1편

도시의 숲을 핥던 식욕을 느끼며
잊혀져간 기억이 나를 만지고 있다
수억 년 전의 억새바람 속
귀를 쫑긋 세우고
거대한 초식공룡의 발자국 사이에 놓여 있는
오래된 페트병을 외면하고 지나간다
한 아이가 꽃잇몸을 들어내고 귀를 세우며
내 발자국을 찍으며 페트병을 들고 따라온다
서걱서걱 억새밭을 지나
바다가 쏟아내는 파도의 날갯죽지에
까칠한 기침을 하며 끈적이는 진한 거품을 뿜어낸다
수많은 쓰레기들이 억새와 길쭉한 굴뚝사이에 버젓이 누워 있다
몇몇 억새는 바람에 날려 온 검정비닐봉지를 둘러쓰고 있다
하늘은 바람의 꼬리조차 낮게 내려앉는다
아이가 엉거주춤 코를 문지르며 휘청거린다
공장굴뚝의 까만 기침이 아이의 발목을 낚아챈다
순간, 하늘은 일몰을 끄집어내어
황토빛 내 어린 시절을 흔들어 보지만
무너진 초식공룡처럼
발자국만 단단한 소리로 남겨놓았다
갑자기 한 쪽 가슴이 아파오는 것은 왜일까

비에 비

　천둥치는 밤, 사방에 쏟아지는 빗줄기 한 가닥 한 가닥이 투명한 몸으로 사박사박 경쾌하게 걸어온다. 한참을 쳐다보니 먹구름을 벗어난 빗줄기가 자신을 죽어라 몸 날리며 제각기 동그라미를 더하고 퍼져나가는 것을 본다. 빗방울 수천 억 개의 하늘 위에 수천 억 개의 은빛 원을 그리는 순간만큼은 무심하다. 소리도 없이 시기도 없이 제 영역을 조금씩 넓혀 보다가 새롭게 만난 친구의 깨진 상처를 가만히 들여다보는 눈빛을 보며 이제 이 정도면 난 족하다 말하며 슬그머니 자신을 지울 줄 안다. 야릇한 빗방울이 빗방울을 맞아 평등이 부풀어 오른 것이다. 어느 새 빗방울이 다 함께 하나의 하늘로 흐른다. 달빛처럼 쏘아대던 빗줄기가 말이다. 이걸 왜 사람들은 모를까, 되뇌며 투명한 눈으로 한참을 쳐다보았다.

안면도 외 1편

비린 해풍에 동백꽃잎이 속절없이 내려앉는다.
흠뻑 스며든 봄비에 선명해진 붉은 혈은
검은 섬이 활화산 되어 타오르고 석양빛도 잠시 멈춘 채

못다 지운 그리움 목에 걸고, 잠깐 피었다 스러져가는 목숨.
푸른 바다에 뿌리며 하얀 겨울 이겨낸 동백꽃이

아스라이 먼 등대 불빛 얼굴에 부대끼며, 외롭게 홀로선
검은 섬 넋이 되어 흩날리다. 동백꽃잎이……

시를 배달합니다

아무도 보아주지 않는 시가 있어 시를 배달합니다.

푸른 이끼 속 미끄럼 타듯 다시 솟는 갈매기 따라 어둠속 길 잃고
정박의 끈 놓친 어부처럼 표류하는 언어를 좇아 시를 배달합니다.

어느 쯤에서 닿는 길손 힘차게 움켰다 내동댕이쳐 문패 없는 변
솟간에 꾸깃꾸깃 배달부의 희망과 절망이 교차로에 걸린 신호등에
서 멈추었습니다.

출렁이는 눈물을 아끼며 꼼꼼히 들여다본 넋 빠진 A포 용지에
는 꿈쩍도 않던 언어가 석양빛 붉은 해당화 되어 드넓은 바다를
가로질러 춤을 추며 덩실덩실 죽었던 시가 다시 살아납니다.

시인은 오늘도 아무도 보아주지 않는 시를 배달합니다

추억 같은·13 외 1편

낙타가 왔다 2006년 4월 24일 지산리에서 온 낙타는 푸른빛이
었다 조금은 쓸쓸한 듯 아니면 섭섭한 듯 낙타가 웃었다 나는 낙
타를 위로할 수 없었다 다만 낙타의 굽은 등 너머로 아주 멀리 떠
있는 듯한 지산리역을 볼 수 있을 뿐이었다

추억 같은·18

    저녁이 되어 하늘을 나는 새떼들을 보았다 그들은 바람을 타고
벌써 작은 점들로 회귀되고 있었다 저녁 새떼를 다시 만날 수 있
을까 나는 잠시 바람에 일렁이는 숲이 떠올랐다 밤이 되자 검은
숲 속으로 빠르게 떨어지는 새파란 별들을 보았다.

태양의 집 외 1편

폴폴폴 플라타너스 씨앗 하나
카드 단말기 위에 사뿐히 내려앉는다
띠ㅡ, 사용할 수 없는 카드입니다
카드를 다시 대어주십시오
플라타너스 씨앗들이 동글게 웃음을 터트리며
출입문으로 창문으로 천정문으로 허공을 휘저으며 날아든다
하루 한 번 태양의 집을 오가는 버스 안
차창 밖으로 달아났던 씨앗들이
버드나무 씨앗 포플러 씨앗 민들레 씨앗들
을 데리고 버스 안으로 들어온다
씨앗들이 나의 이마에 눈에 가슴에 내려앉는다
버스가 태양의 집에 다다르자
카드 단말기에 들이댔던 카드를 꺼내본다
카드가 들어있던 지갑 안에는
버드나무의 싹 포플러의 싹 민들레의 새싹들이 눈뜨고 있다
씨앗의 것은 씨앗의 것으로 돌아가라고 눈짓하는 듯하다
나도 하나의 씨앗이 되어
씨앗의 우주를 휘저으며 날아간다 폴폴폴.

하나

도미노 판 안에 도미노 칩으로 요동치는
그대의 가슴뼈에 귀 기울이면
벌떡벌떡 뛰는 무한의 파동소리 들린다
가슴뼈 마루에서 가슴뼈 마루로
도미노 판 이랑에서 도미노 판 이랑으로
뜨겁게 한마당 휘달리는 열풍 안에
도미노 칩으로 요동치는 그대를 듣는다
무한 파동 이는 입자의 단면을 잘라보면
아버지의 가슴뼈 안에 지필 불꽃도
아들의 가슴뼈 안에 지필 불씨도
날밤을 세우며 한 칩 한 칩 쌓아올린
그대의 가슴뼈 안에 들어있다
도미노 판 안의 가슴뼈들이
호수를 건너 산정을 넘어 태양을 점화한다
겹겹 껴안은 가슴뼈들 사이로 드러나는 사방연속무늬 길
가로줄 세로줄로 엮어 짠 하늘빛 그물 사이로
하늘의 씨앗을 품은 그대의 가슴뼈가 번쩍인다
그대의 가슴뼈에 귀 기울이면
나의 가슴 요동치는 사랑의 노래소리 들린다.

국면(局面) 외 1편

포가 마를 넘어 차를 잡아먹는다 마와 상길을 찾는 중에 병이 치받는다 망설이던 끝에 꿍 궁을 돌려놓는다 담배 한 대를 꼬나문다 사르르 안개처럼, 어쩌면 내 의식처럼 피어오르는 연기, 몽롱하다 어어 하는 사이에 또 포가 병을 넘어 사를 밀어붙인다 불알 한쪽이 떨어져 나간 궁, 기우뚱 무릎관절 한쪽이 무너져 내린다 멀리서 상이 눈을 부릅뜨고 또 사를 넘본다 마차병상 모오두 스크럼을 짜고 파도처럼 밀려온다 숨어 있던 포가 다시 우루루루 곡사포를 쏘아온다 심복으로 내세웠던 면상이 뚝 떨어져 나간다 수족처럼 따르던 마포상차 모두 외짝들로 남았다 외중에도 졸이 세 개나 남아 한 발짝도 물러설 수 없는 길을 가면서 신명을 바쳐 앞으로 돌진, 활로를 연다 그래, 외통수를 봐? 상대의 방심은 최대의 내 작전, 그러나 좀처럼 허점이 보이지 않는다 궁은 정중앙에 발기한 남근처럼 튼튼하다 초읽기에 몰리며 가부좌를 푼다 다시 담배를 물고 불을 댕긴다 자만일까, 동정일까, 연민일까, 작전일까, 혹은 착각일까 상길에 차를 들이민다 뜸을 들였다가 제꺽 나꿔챈다 완벽은 신의 것, 안광이 지배를 철하듯 뚫어져라 국면을 보니 오호라, 무릎을 친다 사슴같이 뛸 상길이 보인다 뒤따라 달릴 수 있는 말, 왼쪽 어깨 짬으로 졸 하나를 튼다 막판이라 여겼는지? 가볍게 궁을 들었다 놓더니 양 사(士) 사이에 끼워 놓는다 상을 옮기고 차로 밀어붙이고 말이 달려드니 쿵 심장이 잠시 멎는 듯, 눈시울 크게

뜬다 상으로 뚝딱 불알 한쪽을 떼어냈다 말을 몰고 차를 달리니
우루루 졸들이 앞질러 사기충천!

　풍악을 울리고 징소리 길다
　박수치는 소리가 먼 메아리같이,
　아득하다

색(色) 쓰는 법을 배우는 시간

지금은 색 쓰는 법을 배우는 시간입니다
스승님은 색 섞는 법을 가르쳐 주십니다

분홍에 파랑을 섞으면 무슨 색?

이 색과 저 색은 연분이 깊지요

무슨 색을 잘 쓰십니까

행복이란 관념 위에 빨강을 칠하면?

색을 쓰는 방법은 다양합니다
피 냄새가 나는 색도 만들 수 있어요
색의 세계는 참 오묘하고 신비롭지요
제 색 찾기는 열반(涅槃)에 들기보다 어렵답니다

이질적인 색들을 섞어 보십시오
묻지만 마시고, 그래요
그래요 그 색과 그 색을 섞으면
연분홍이 나오지요

곰취나무 노란꽃은
흑장미와 잘 어울립니다

낮달이 있는 밀밭 길　외 1편

한 사내가 길을 떠나보내고 있었다

한 사내가 흰 구름 몇 점을 뱉아내고 있었다

한 사내가 밀밭 속에서 파닥이는 새소리를 듣고 있었다

한 사내가 노란 햇살을 당기고 있었다

한 사내가 구부정하게 검은 우산을 들고 걷고 있었다

한 사내가 황톳길 먼지를 바짓단에 말아 올리고 있었다

한 사내가 햇살이 닦아 놓은 길을 올려다보고 있었다

낮달이 하늘 한 귀퉁이로 사내를 밀어내고 있었다

* 장욱진 화백의 '자화상', 캔버스에 유채.

러브 홀릭

거울 속에서
생쥐 한 마리 커튼을
타고 내려오네
어둠은 가파르게 벽을 올라가네
어둠 속에서 거울이 흘러내려
종일 헛배부른
내 입으로 들어가네
찌그러진 복도가
긴 얼굴 위로 걸어가네
내가 보았던 얼굴들이
하나로 겹치면서
얼굴들은 사라지네
차례로 생쥐가 되어
줄타기를 하면서 서로 가끔은 안부도 묻네
거울은 나를 자꾸
뱉어내고 나는 어둠속으로
빨려들어 가네
거울 속에서
얼굴이 한 번씩 출렁거리네

모일(某日) 외 1편

고개 한 번 끄으덕이는 게 인생이란다.

하늘에서 땅으로 와서 발밑 속까지 갔다가
다시 땅에서 궁륭의 하늘로 가는
과정이란다.

시구(詩句)처럼 빙그레 도는
눈물 같은 시.

흘러라.
땅에서도 하늘에서도
무수한 인연을
스쳐가는
영롱한 노래
영혼의 날개 소리.

 * 목월 선생님의 시집 ≪이순의 아침나절≫을 읽던 어느 날 아침 꿈처럼,
너무나 꿈처럼 선생님께서 영면(永眠)하셨다는 소식을 듣는다. (1979년 첫 시
집의 서시)

샘물

가장 낮은 곳에서
가장 높은 하늘을 안고
반짝입니다.
산이 들어와
흔들립니다.
바위가 나무에게
몸을 열어
뿌리내리게 하고
초록 입술로
툭툭
땅의 화두(話頭)를
읽어 내고 있습니다.

* 목월 선생님의 그 부드러운 음성과 말씀, 그리고 영롱하게 어리는 시들은 이순의 나이에 이른 내게 마르지 않는 생명의 샘물임을 깨닫습니다. (2007년 아홉 번째 시집 ≪산경(山經)≫에서)

순비기꽃 넝쿨 아래 혼자 늙는 바람처럼 외 1편

어려서는
파도소리 들으며 자랐다
나이를 먹어서는
파도소리 들으며 너를 생각했다
내 이제
그 파도소리 통째로 걷어
쓸쓸한 그리움 하나
피륙을 짜서 사느니
어느 바닷가 모래톱
순비기꽃 넝쿨 아래 혼자 늙는 바람처럼
살다 간 것을 생각는다.

저문 들길에서

오늘도 나는
해 저문 들길에 나와 섰다.
하늘을 나는
작은 새 울음
노을 속으로 사라지니
먼 길을 걸어온 듯
구름 아래
내 삶의 무게를 내려놓고
가장 정갈한 말씀으로
저녁 종소리 낮은 땅에
축복처럼 번지는 것을 보느니
그 안식의 빛
머지않아 누군가가 수레를 타고
어둠을 몰고 올 초인(超人)이 있어
내 잠시 세상일을 잊네.

시학 외 1편

언제나 슬픔에서
그리고 음악을, 상승하는 음악을!

나의 삶을 보다 높은 곳으로 이끌어보리라.
나의 시를 구름 가까이 함께 해보리라.
그리하여 저기 오랜 샘터,
나의 꿈도 비치리니.

언제나 슬픔에서, 하늘이 비치는 여울에서 그리고 그곳을 표상
하는 언어에서, 그 나에게서……

시는 삶의 거울이다. 그것에 비추이는 삶은 거짓처럼 아름답고,
진실처럼 투명하다.

음악을 부른다·10
― 경포(鏡浦) 호숫가 갈대의 노래

성공과 실패의 책갈피처럼 파도가 친다.
아무도 말하지 않은 시의 노래를 듣고 싶었다.
길들여지지 않은 작은 입술이여.
낙원의 이쪽에 나는 있고 싶었다.
삶보다 더 멀리 있는 것은 없었지만
나는 자주 이렇게 뒤척이곤 했다.

파도소리가 나를 부른다.
나는 아버지의 부름을 받았다고 파도가 친다.
파도가 나를 부수면서 물보라를 이룬다.
바다는 나의 아버지처럼 부른다.
존재의 한 끝에서 나는 손을 내민다.

이 호숫가의 나여.
먼 바다의 노래를 들으며 수평선의 그리움을 본다.
조용한 달이 떠오르기를 기다린다.
쓰여지지 않은 음악처럼 미래는 내 앞에 일렁이고,
멀고 먼 나라들, 모래바람과 강을 건너
내 마음을 나는 잡아당긴다.
파도여. 나의 소리여.

저 먼 날의 꿈이여.

인간이란 작은 노래. 하늘을 향해서
자기 자신을 향해서 이야기하고 묻고,
세계와 바다를 향해 자신의 이야기를 내어놓고,
알지 못할 운명에 대해서도
그림을 그린다. 오후가 가까이 내려앉는다.
파도가 다시 친다.

내 작은 노래가 서 있는 곳, 경포 호숫가에서
나는 물결의 음악을 꿈꾼다.
내 삶의 골짜기처럼 솟아오르는 말의 뜀박질,
내가 가지지 못한 것들에의 욕망,
저 먼 바다의 그리움을.

그날의 앙금들은 가시어졌다.
나는 이제 아픔을 잊는 때가 되었나 보다.
이제 내 눈에 보이는 것은 바다빛과 내 마음의 폭풍,
오 작은 폭풍의 노래.
파도의 쓰러짐이여.

나뭇잎과 바람이 가을을 일러준다.
떨어지는 것은 계절만이 아니다.
나는 아무에게나 편지를 쓴다.
내 작은 흔들림이 이 호수를 일렁이지 못할지라도
꽃잎과 눈물처럼 떨어진 바람의 언어를
쓸려오는 물결 부스러기들을
나는 맞고 있다고

물빛을 흔들던 바람은 그 마음속으로 들어갔고
물고기들은 낙원을 벗어나지 않는다.
멀리 날던 새들은 죄를 씻어서
맑은 손을 들어 보이고
나여. 호숫길을 서성이는 이여.
말없는 자아를 흔드는 이여.

어느 날 나는 경포대에 갔다.
내가 가지지 못한 것들은 그것마다 아름다웠다.
바다여. 무한의 언어여.
더 멀리 나를 밀어내어라.
파도의 물보라 속으로 나를 밀어내어라.

수평선 끝 네 손이 닿는 곳까지.

푸르른 날들이여.
그날의 파도는 수평선 너머로 갔고
내 가슴 언저리엔 물빛이 남는다.
바다는 저 멀리 넘실거린다.
노오란 달이 빛을 끌어당긴다.

곰팡이 외 1편
―책으로 태어나는 여자·6

당신을 사랑할수록
내 몸속에는 곰팡이가 번져간다
내 초록의 가슴을
조용히
아주 천천히
갉아 먹으면서
당신은 썩어가는 육체의 허물을
나에게로 완벽하게 이식한다
만약 처음부터 당신 눈에 걸려든
생명을 바치며 죽어가야 하는 사냥감이었다면
끔찍한 높이에서 떨어뜨릴 작정이었다면
나를 오랫동안 끊임없이 시들게 하라
살아있는 것이 고통이라면
세상이 하느님을 괴롭히듯이
나는 이제 당신을 괴롭힐 것이다
낡은 당신의 속옷보다
내 이마를 짚고 간 달의 손처럼
나는 외로움으로 순결하다
당신이 나에게 이별의 옷을 입혀도
나는 사랑하는 당신을 향하여

온몸에 곰팡이를 뒤집어쓴 채
내 하나뿐인 왕국의 성전(聖典) 안을
저 달과 함께 흘러 다니며
시들면서 완벽해지리라

당신은 영원히 나를 울릴 것이다

냇사 어리석은 꿈꾸는 사람

그는 처음부터 나를 못 본 체했다
턱을 한껏 치켜들고
고개를 비스듬히 돌려
전부를 외면하는
악연의 사슬 첫 고리
얼음 같은 차가운 침묵 속에서
내 목에 자리를 잡았다
그는 가끔 접시 가득 밥을 담아주었다
그러면 재주 많은 나의 손은
그의 영혼을 장식해 주려고
그가 앉았다 일어난 자리마다
피가 도는 꽃잎을 한 장씩 떨어뜨렸다
서서히 내 몸에서 피가 빠져 나가고
세상의 발길 닿지 않는 곳으로
오직 그의 손짓만을 따라
굶주린 몸에 서식하는 질병에 유기된 채
너덜거리는 옷자락을 끌며
꿈을 믿으며
꿈을 살아가는
냇사 어리석은 꿈꾸는 사람*

해가 뜨고 져도
달이 뜨고 져도
나를 빚어줄 마지막 인연된 사람
그를 향하여
숨결 다하는 그날까지
냇사 어리석은 꿈꾸는 사람

* 냇사 어리석은 꿈꾸는 사람 : 박목월 詩 <임>의 둘째 행

염소 외 1편

내놓아라
어머닐 내놓아라
젊고 예쁘던 어머닐 내놓아라

발버둥치며
두 뿔로 받고 또 받아도
거긴 언제나
텅 빈 하늘뿐.

소묘

바알갛게 열이 올라
앓고 있는 가을 한낮

바알갛게 물이 든
단풍나무 그리매

손짓하듯 눈짓하듯
창호 문에 어룽지다.

태양의 계보 외 1편

누가 하늘의 구름을 끌어다가 압정을 박는다
신록의 혓바닥이 심장처럼 파닥이고,
가파른 언덕 위 흰 광목으로 휘날리던 햇살들이
빙판으로 얼어붙어
눈 밝은 천사들이 엉덩방아를 찌며 넘어진다

눈가에 맺히는 노래,
마음 속 흐르는 음표들이
콩콩 뛰며 나뭇가지 위를 오르내리는 저녁
나무들 가슴 속에 불을 지피던 태양의 풀무질도 멎고
딱딱하게 굳은 무덤의 엉덩이 밑에서
노란 새싹들이 바동거린다

온몸으로 거친 비탈을 받아 삼키며
골고다 언덕을 오르던 한 사내

그를 지상에서 떼어낸 하늘이 슬그머니 등을 돌린 사이
눈썹에 젖어드는 노을
붉은 포도주로 성배에 넘치고,
먹장구름 틈새에서 발굴된 태양의 붉은 혓바닥이
지상의 터진 살가죽을 천천히 핥는다

불 켜진 여자

바이올린이 그 여자를 켠다
여자는 스스로의 몸을 떠나
저 작은 나무통에 신들린 듯 몸을 맡긴다
바이올린은 여자를 세세히 읽는다
여자의 몸이 움찔움찔,
희미한 불빛도 꿈틀꿈틀,
은밀한 교감의 촉수 끝에서
싹이 돋듯 소리는 태어난다
태어나 무지개로 떠서 잠시 어른거리는 동안
흐느끼는 가랑비에
온몸 환하게 켜져 있던 여인이 흠뻑 젖는다
물 흐르듯 풀려나온 나무의 전생이
난해한 여인의 생을 해독한다
반짝, 불 켜진 바이올린
자기 죄에 사무쳐 울던 여자가
나무의 환한 자궁 속으로 들어간다

이승과 저승을 잇는 무지개다리

인쇄일 초판1쇄 2008년 3월 21일
발행일 초판1쇄 2008년 3월 24일

엮은이 목월문학포럼 | **발행인** 정구형 | **발행처** | **국학자료원** | **등록일** 제324-2006-0041호
편집 박지혜, 김나경 | **총무** 박지연, 한미애 | **영업** 정찬용 | **물류** 김종효, 박종일
주소 서울시 강동구 성내동 447-11 현영빌딩 2층
전화 442-4623,4 | **팩스** 442-4625 | www.kookhak.co.kr | kookhak2001@hanmail.net
ISBN 978-89-6137-348-7 *04080　　　　| **가격** 12,000원
ISBN 978-89-6137-350-0 *04080[set]

* 저자와의 협의 하에 인지는 생략합니다.